Líder Alfa

ADULTO PACK EDICIÓN DE LIBRO DE COLOREAR

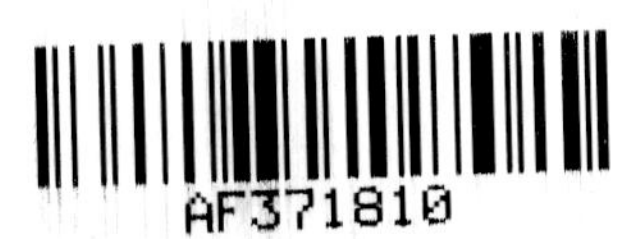

Coloring Bandit

Publicado por Speedy Publishing Canada Limited

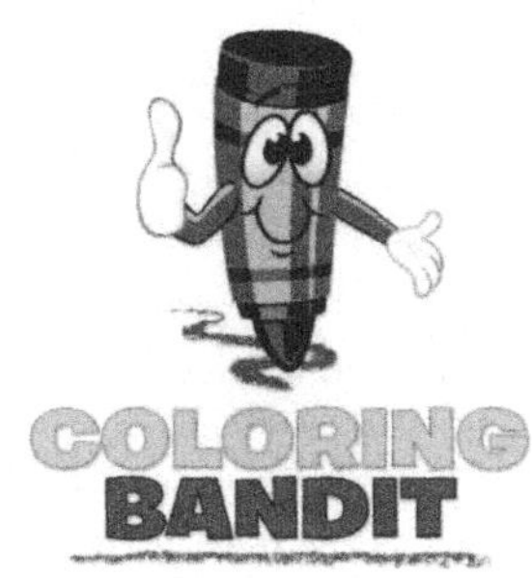

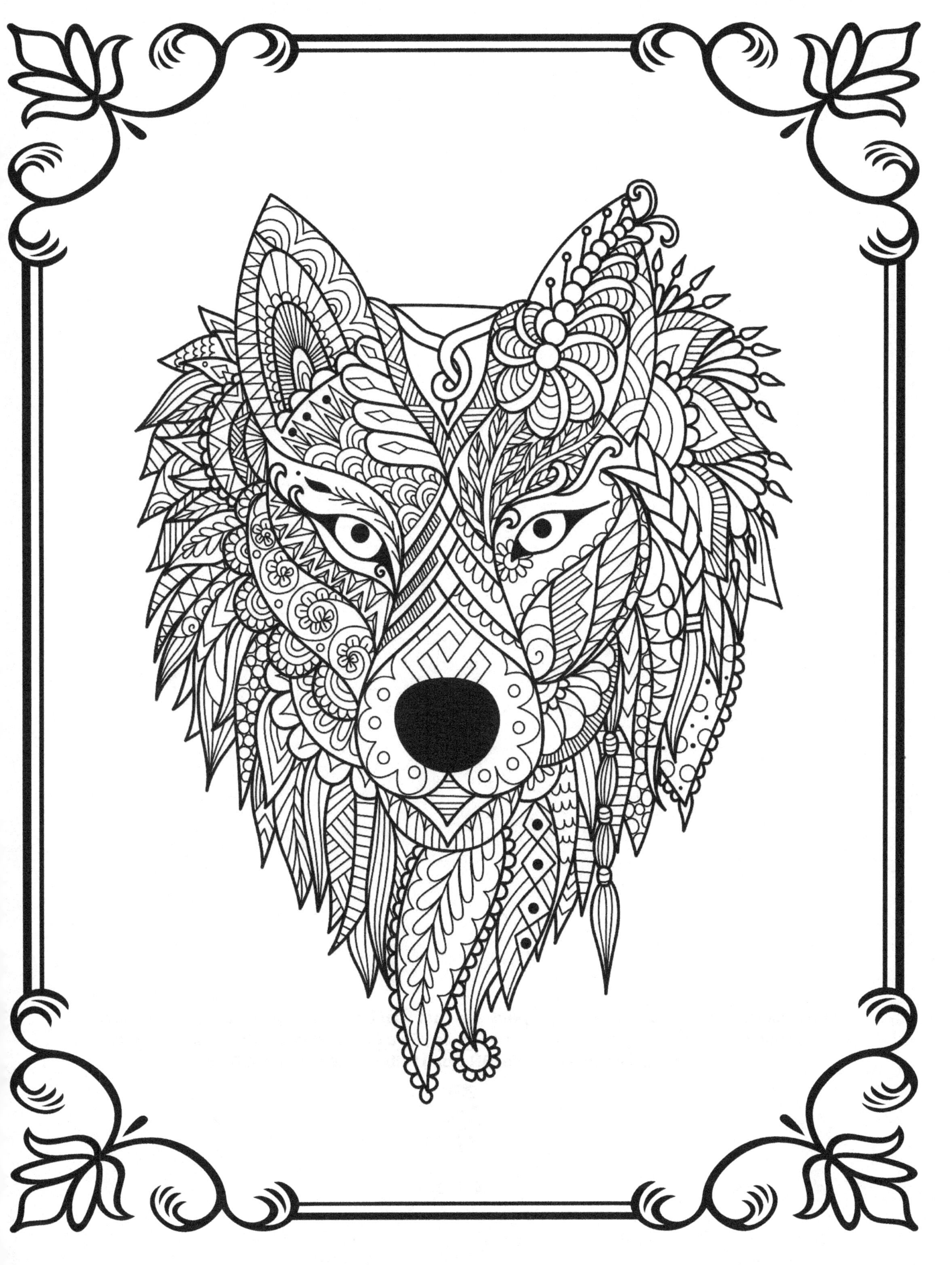

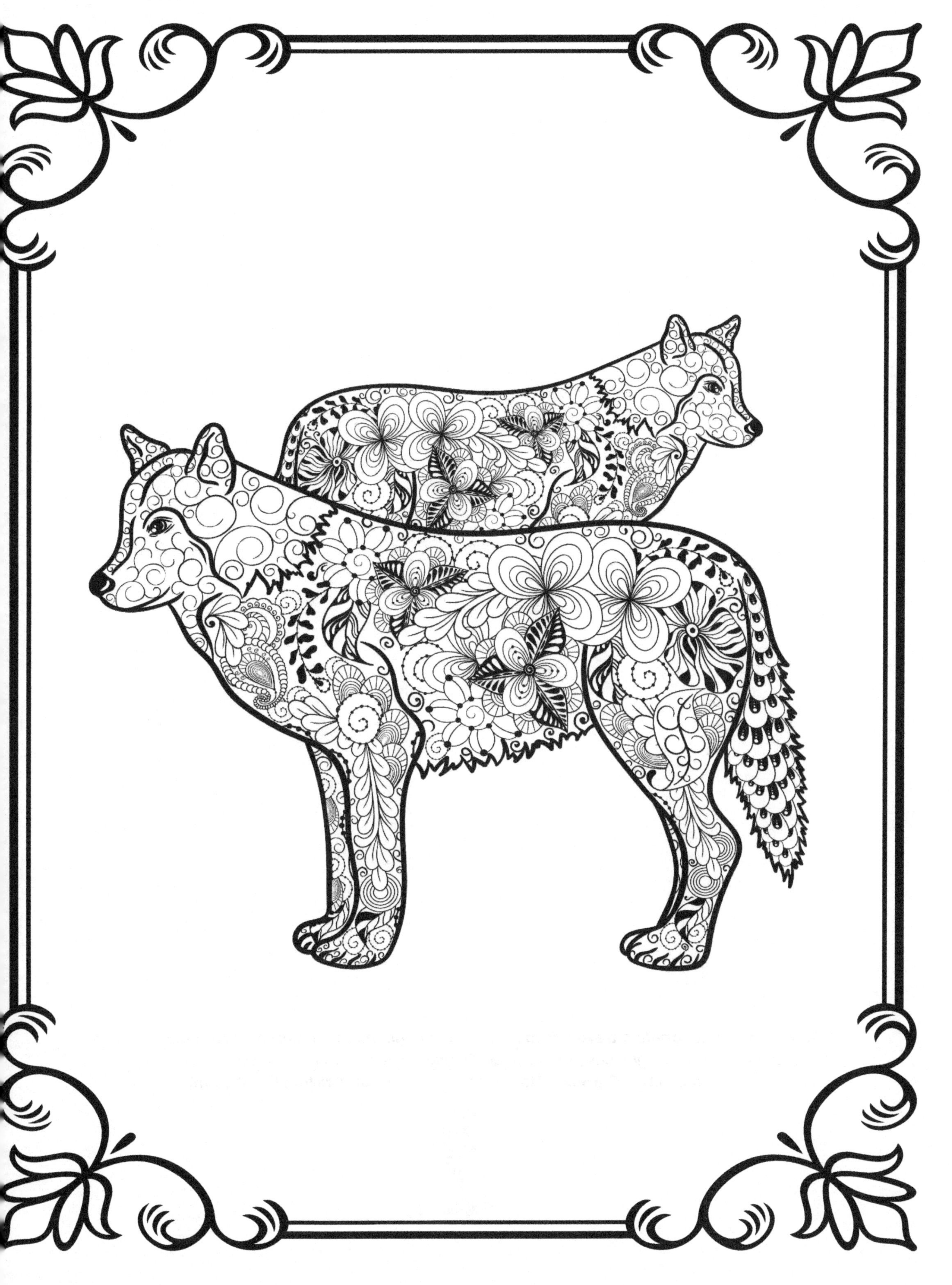

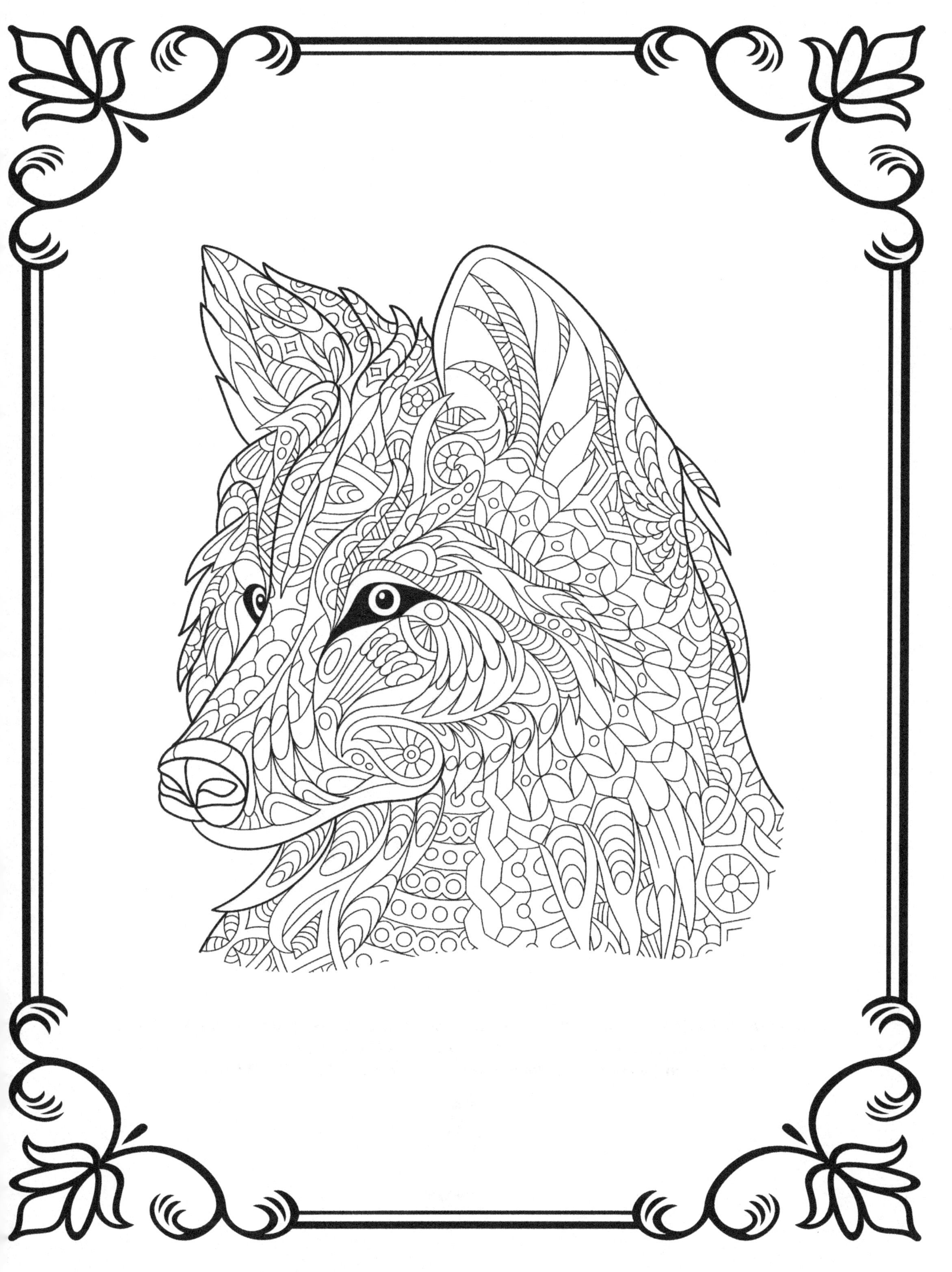

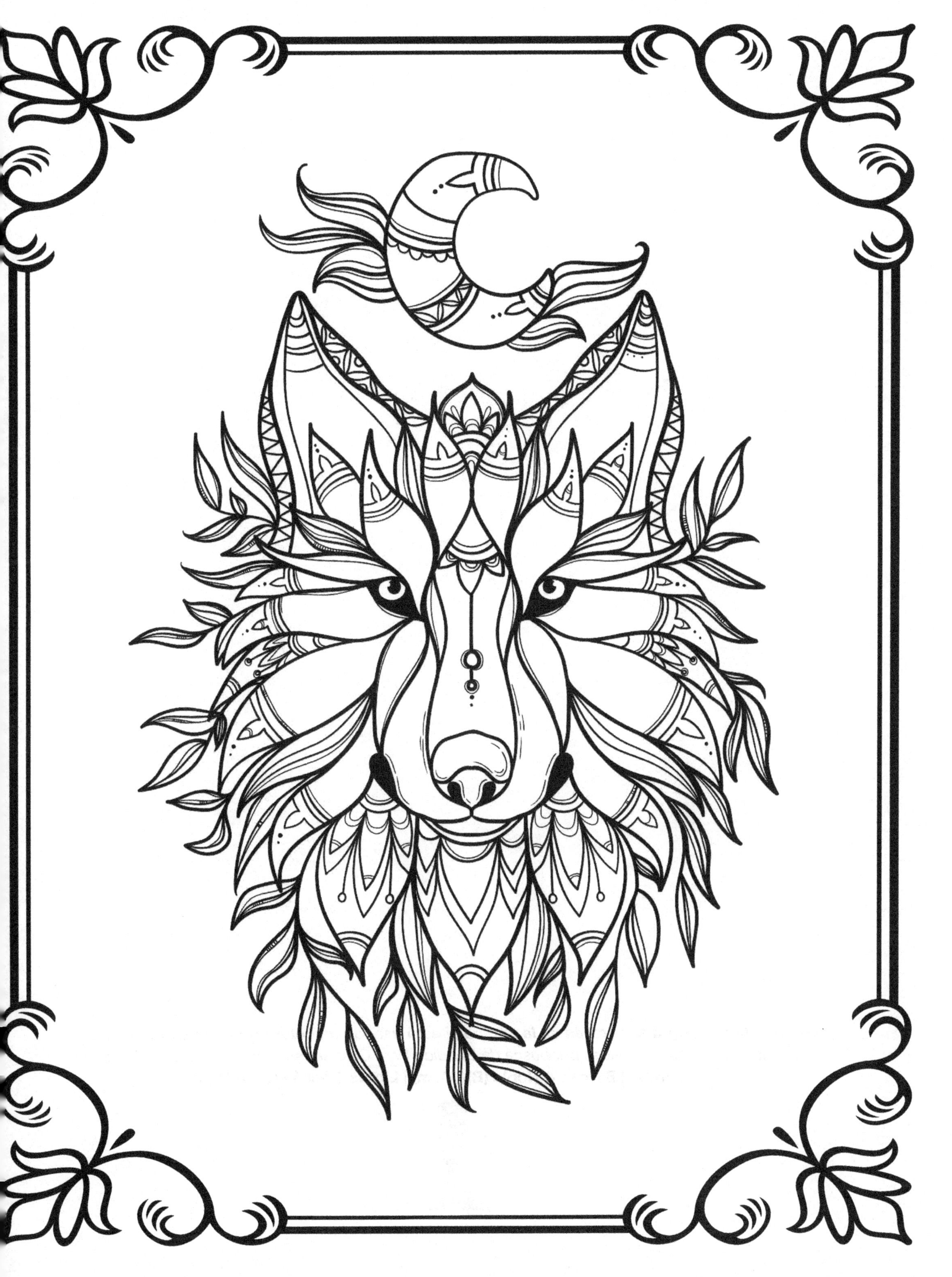

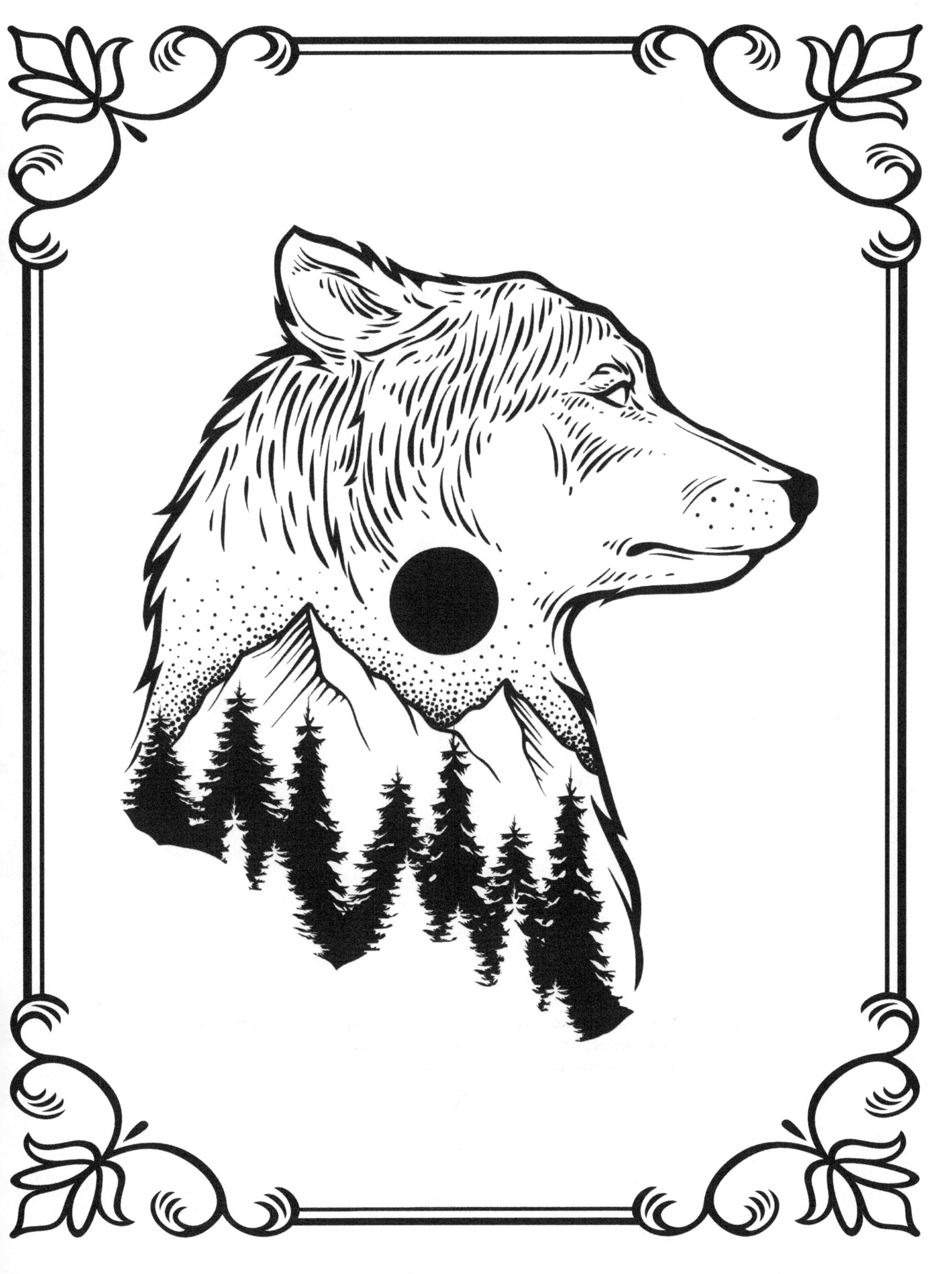

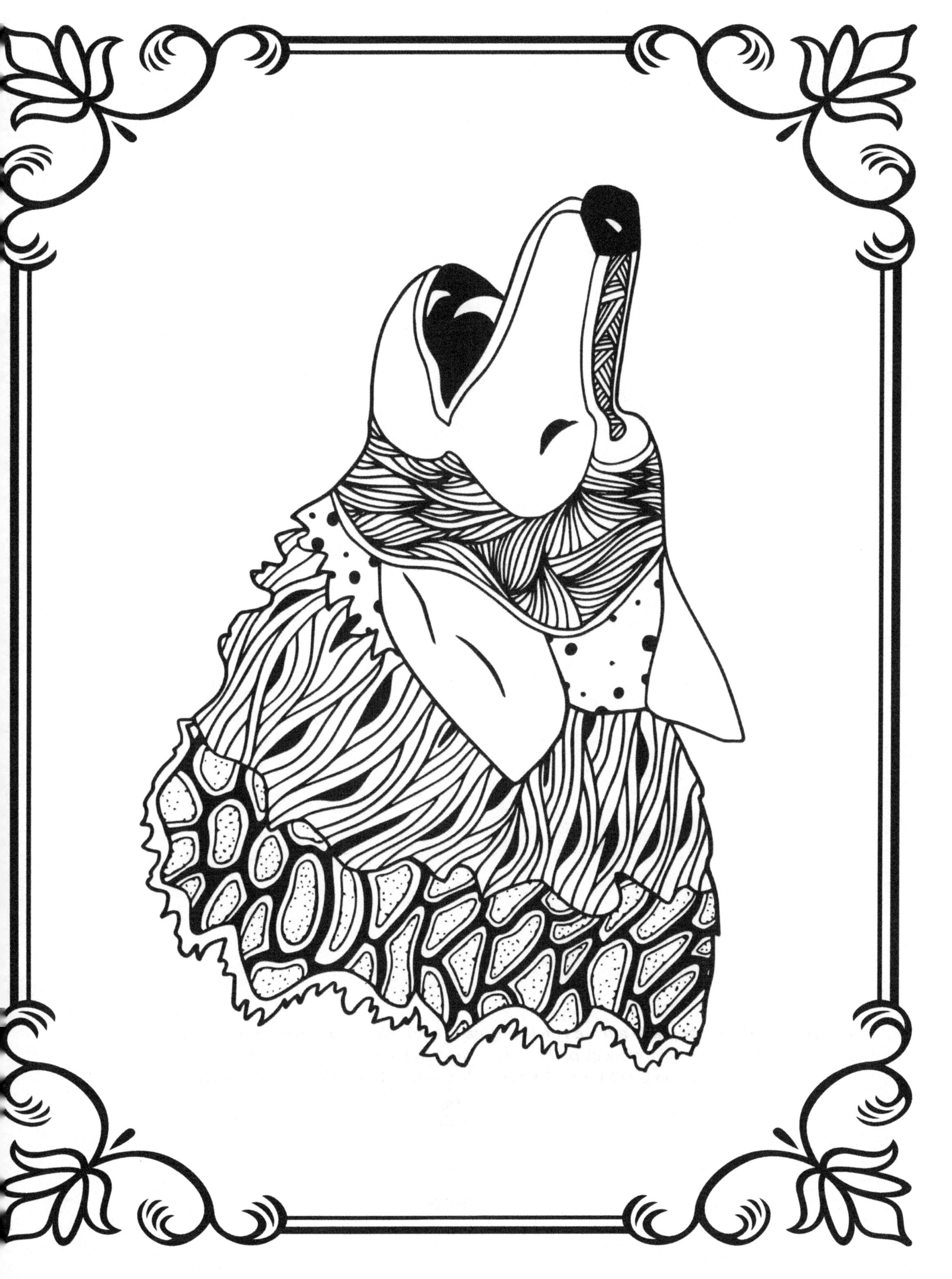

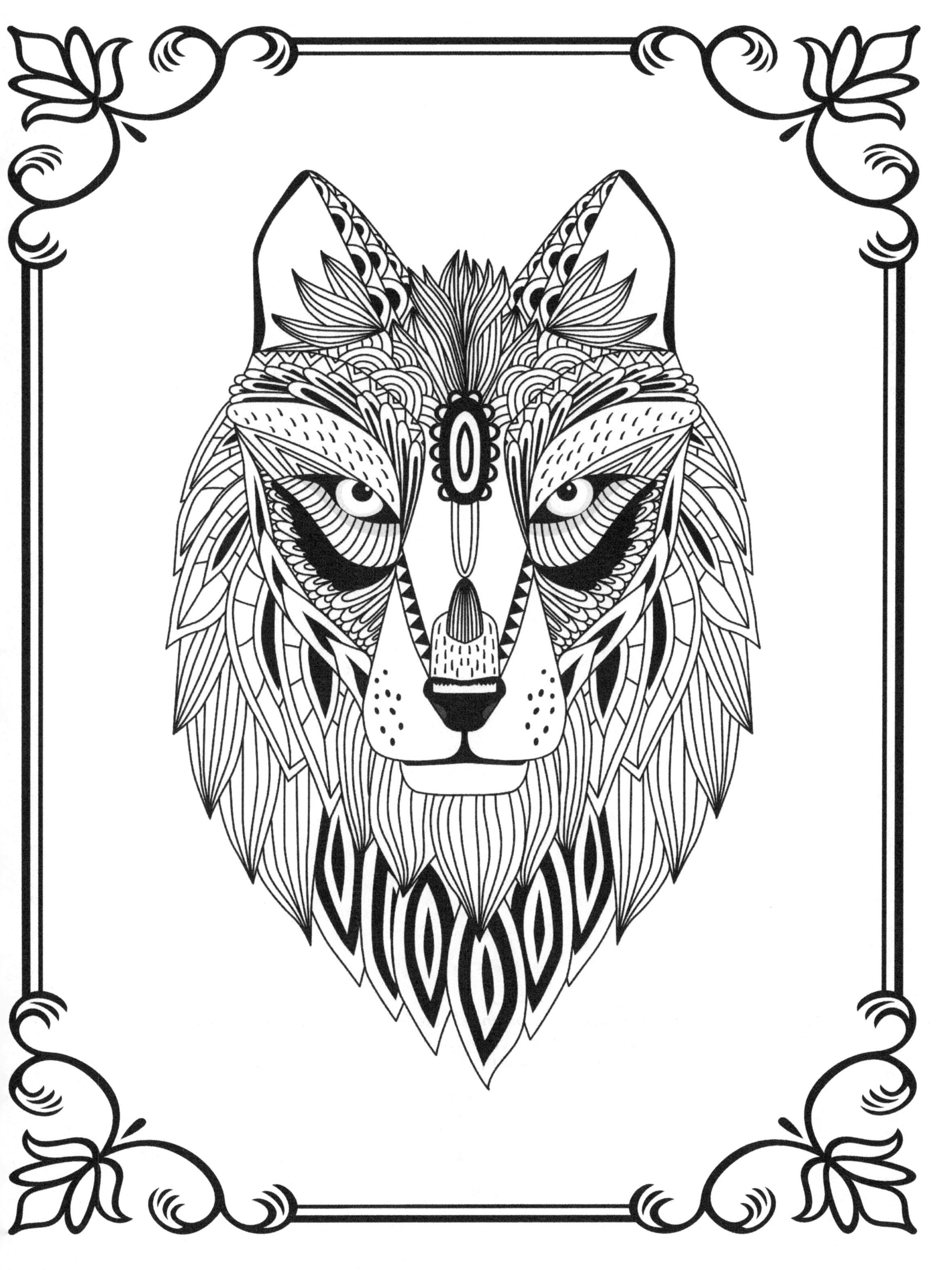

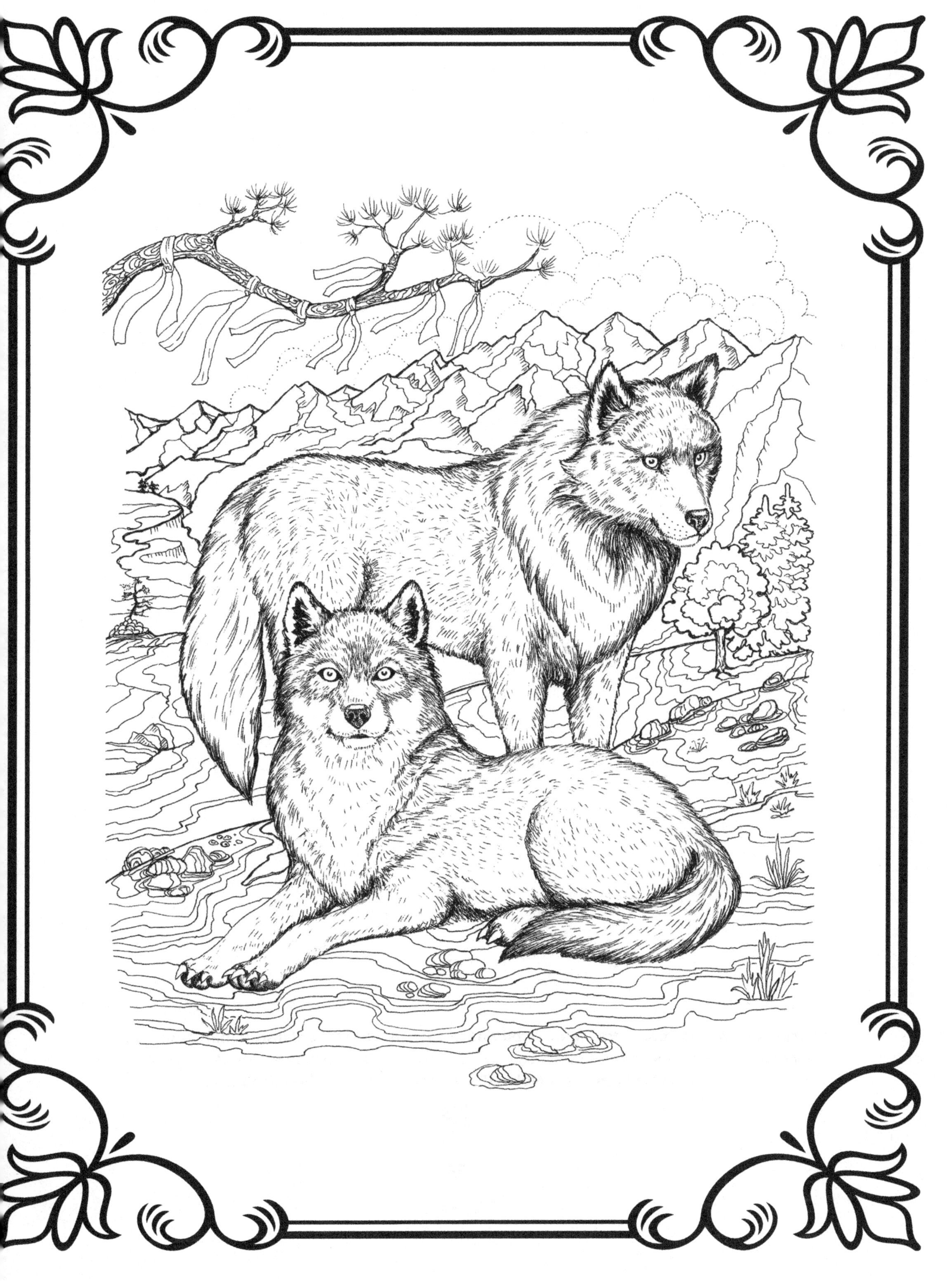

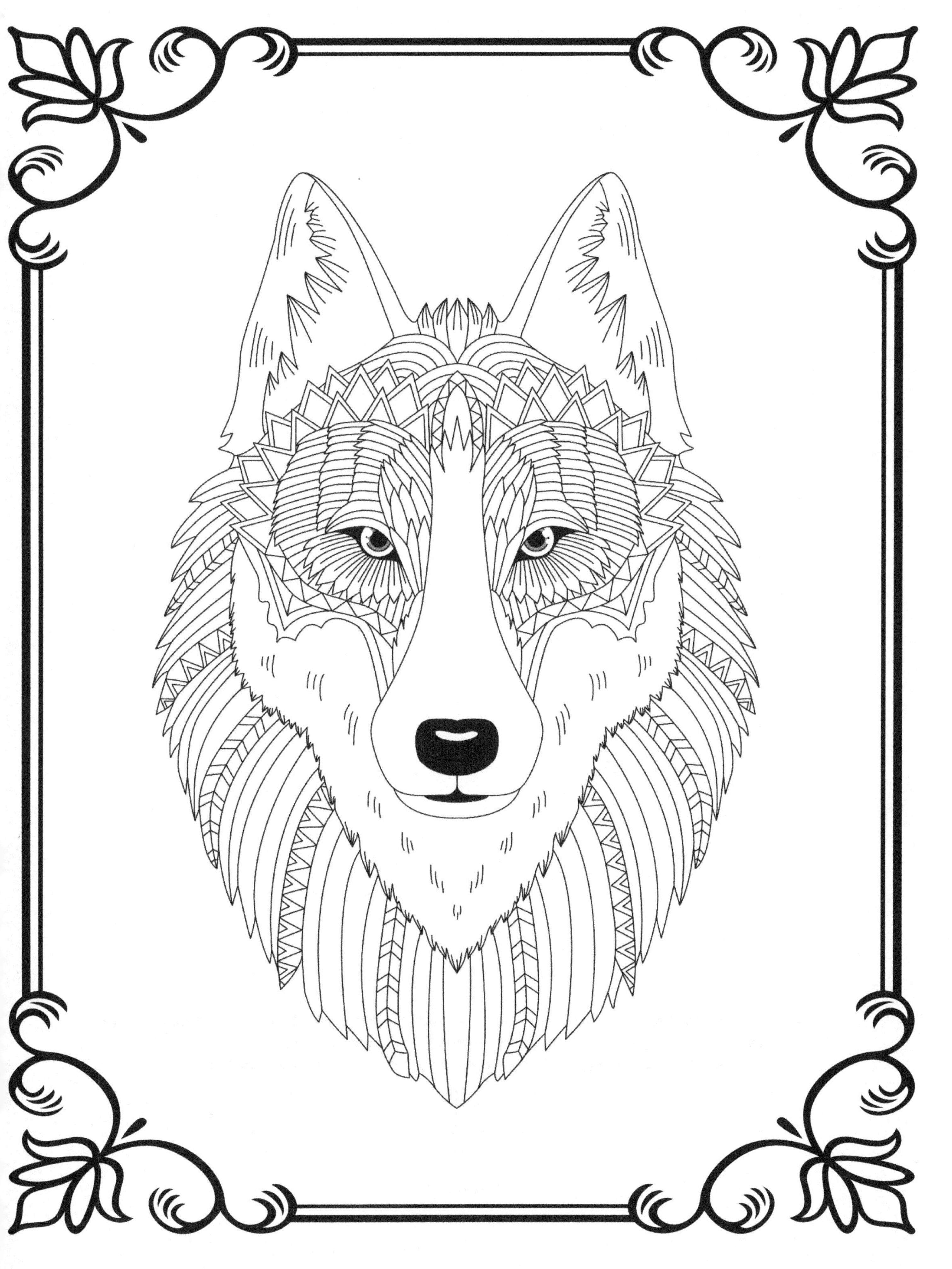

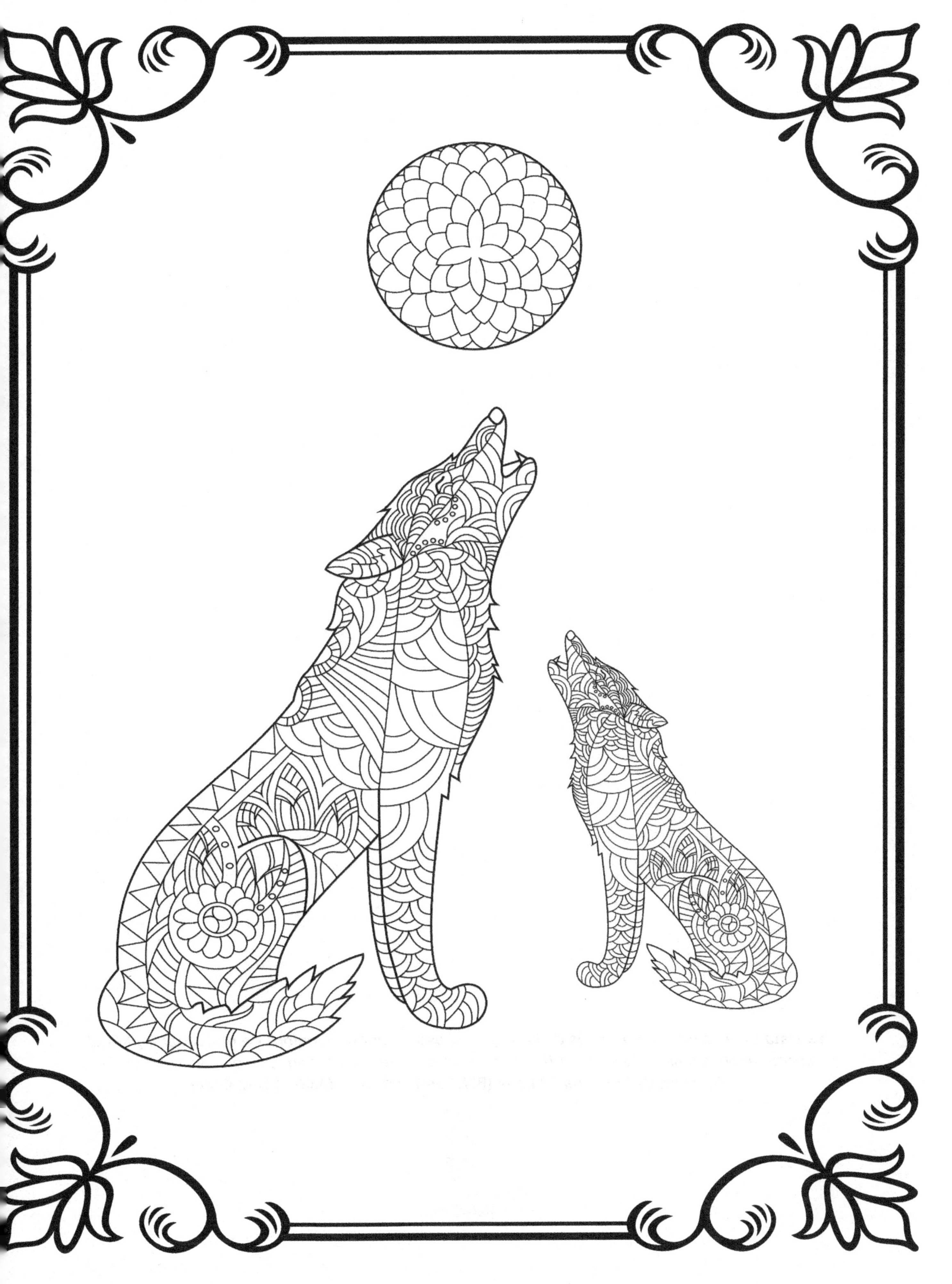

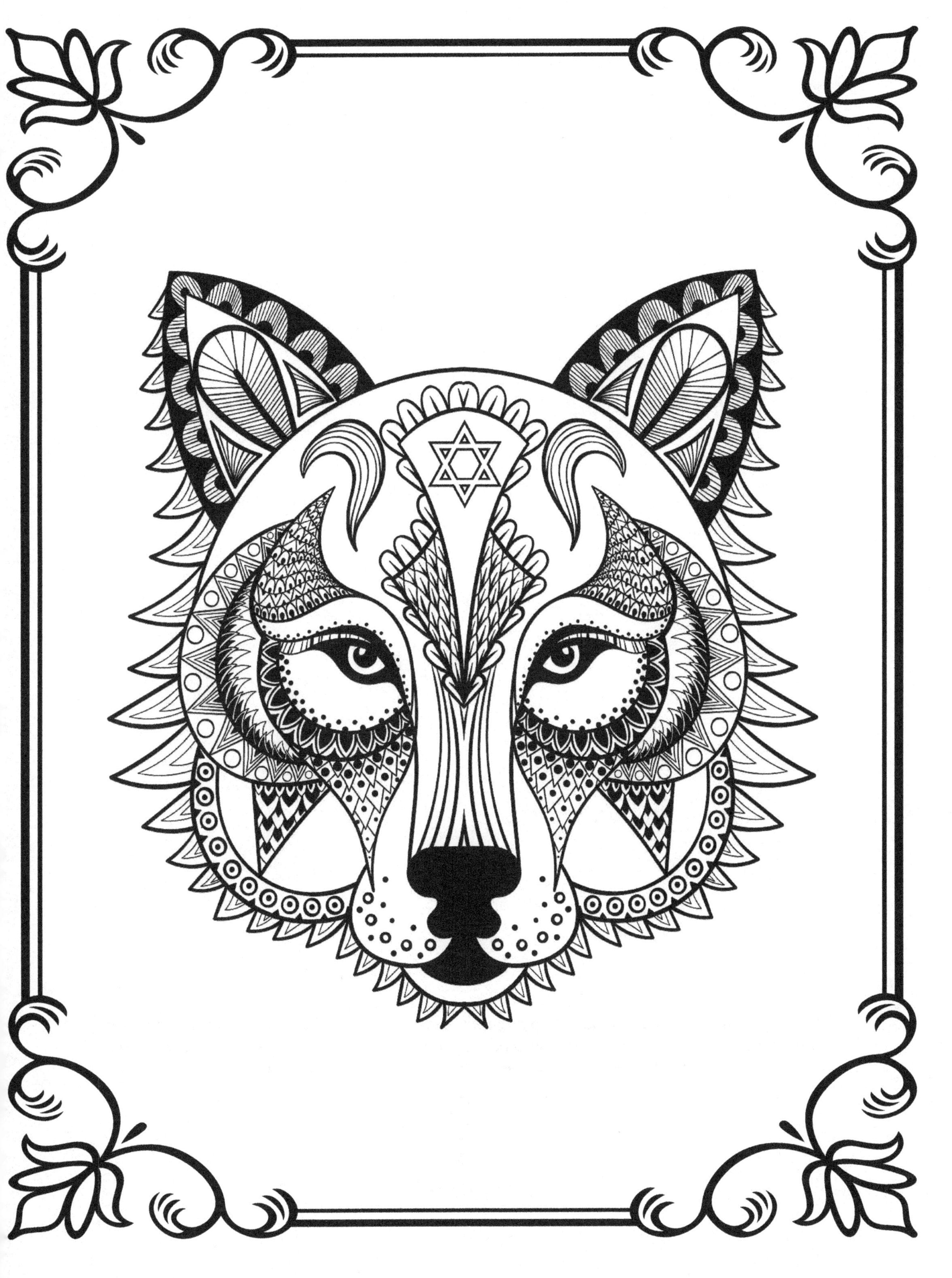

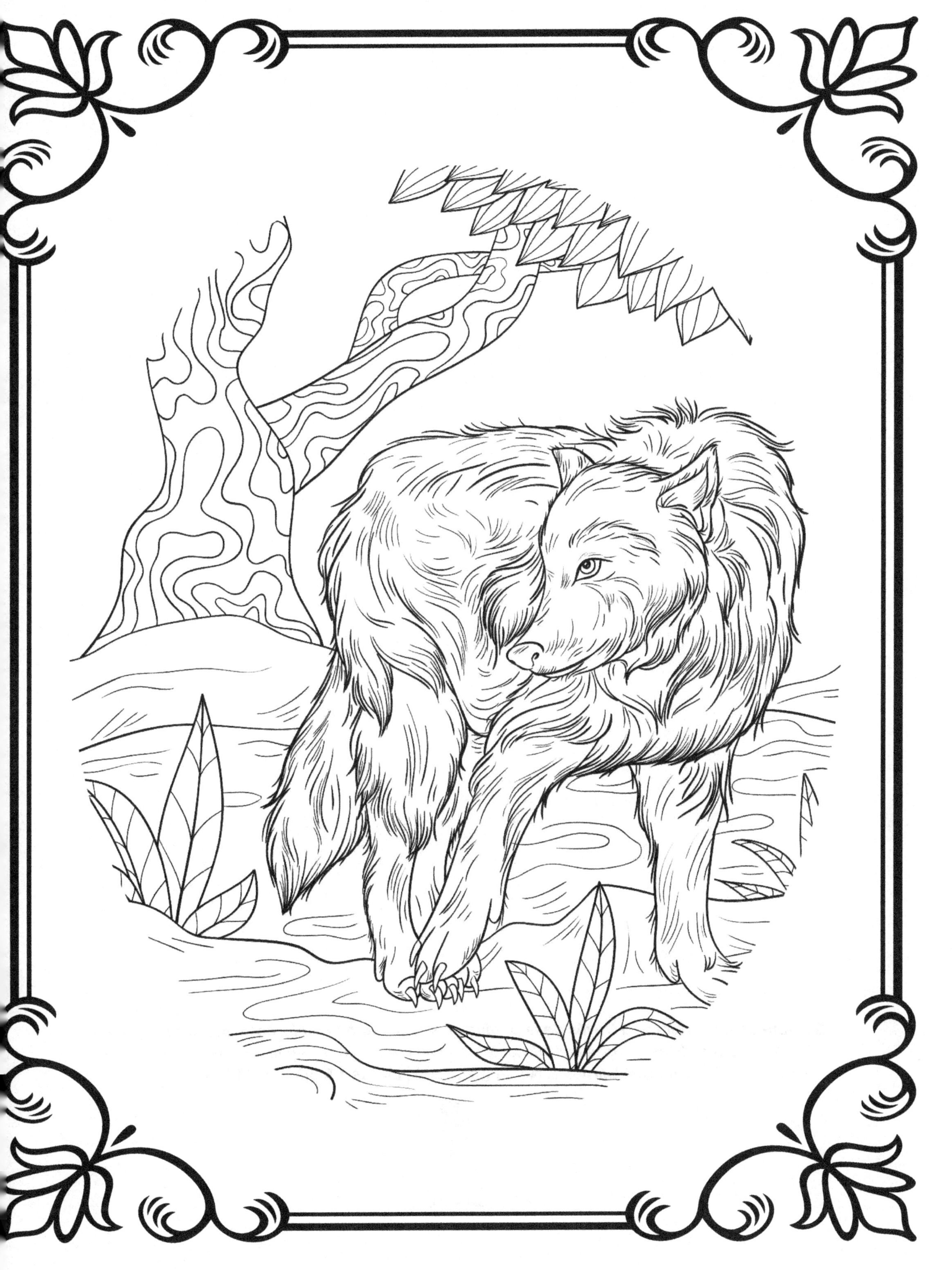

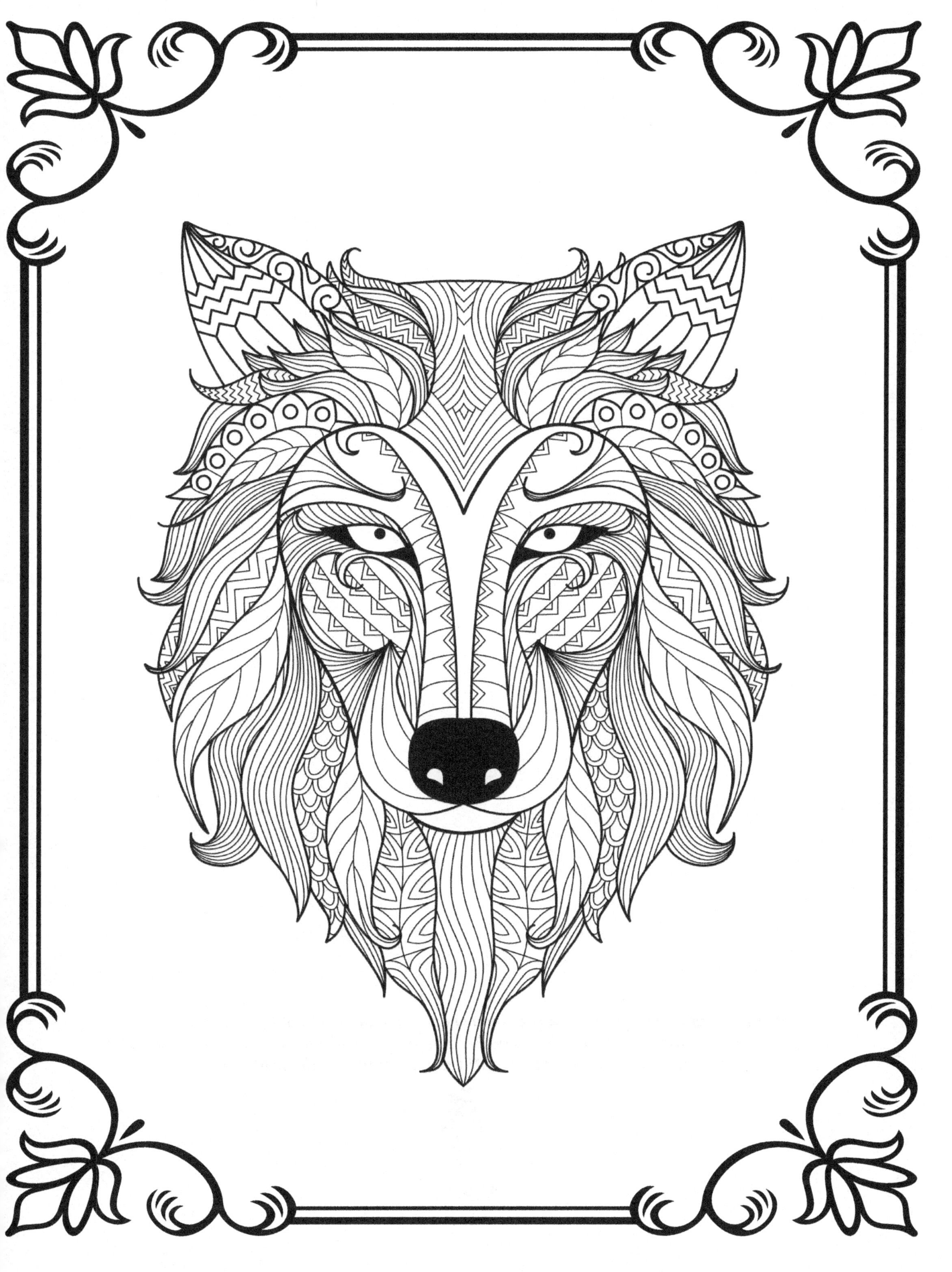

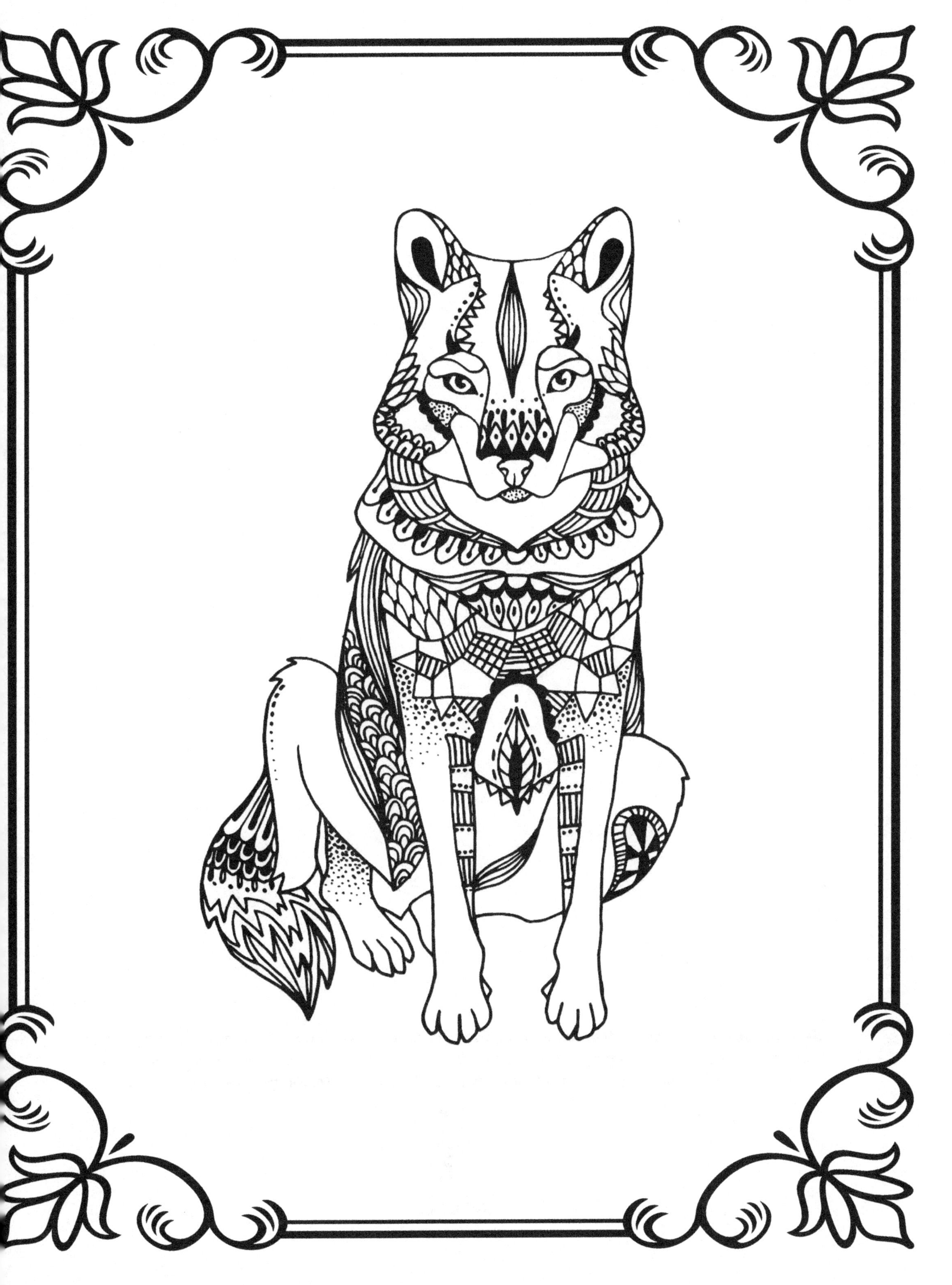

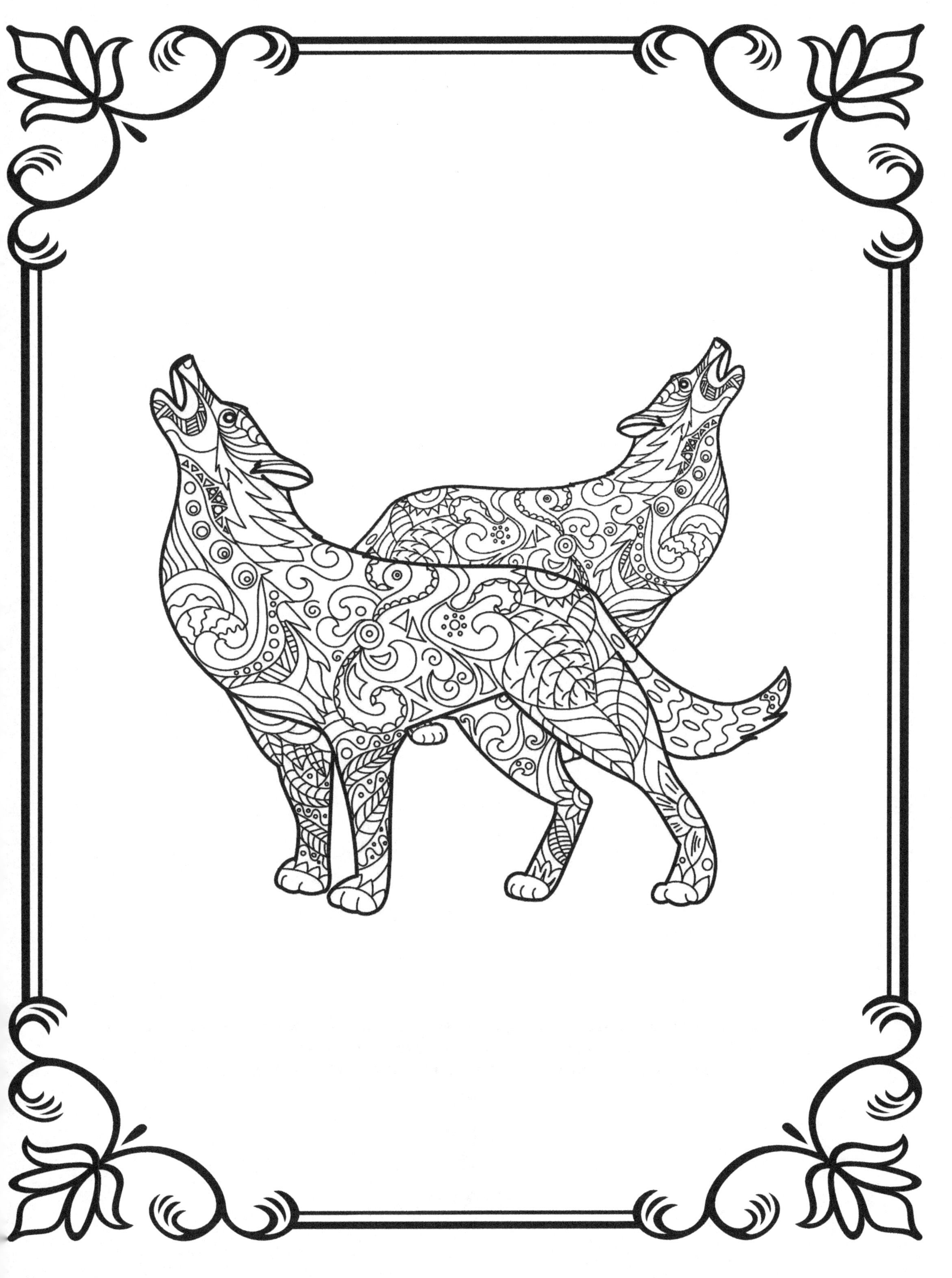

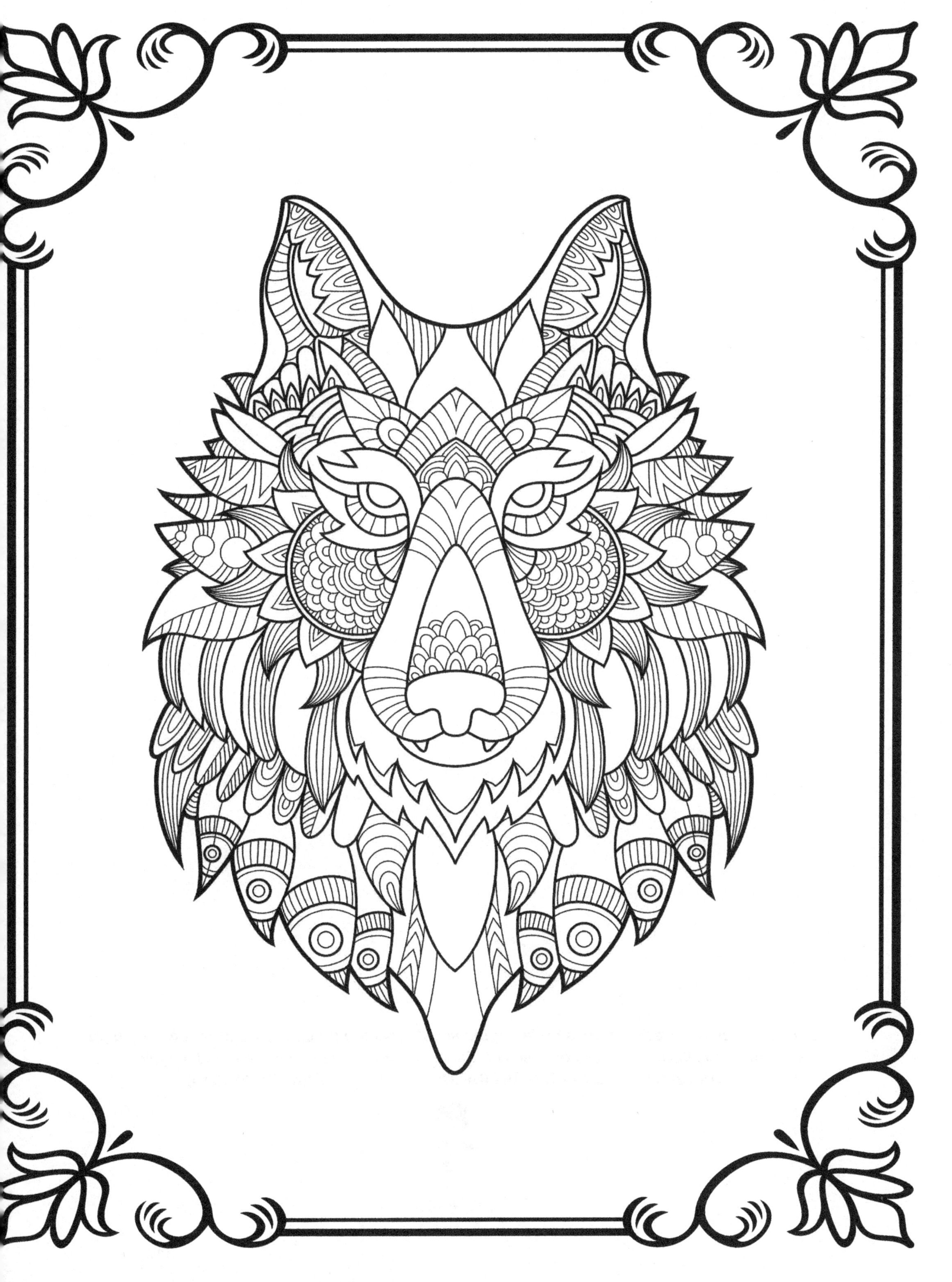

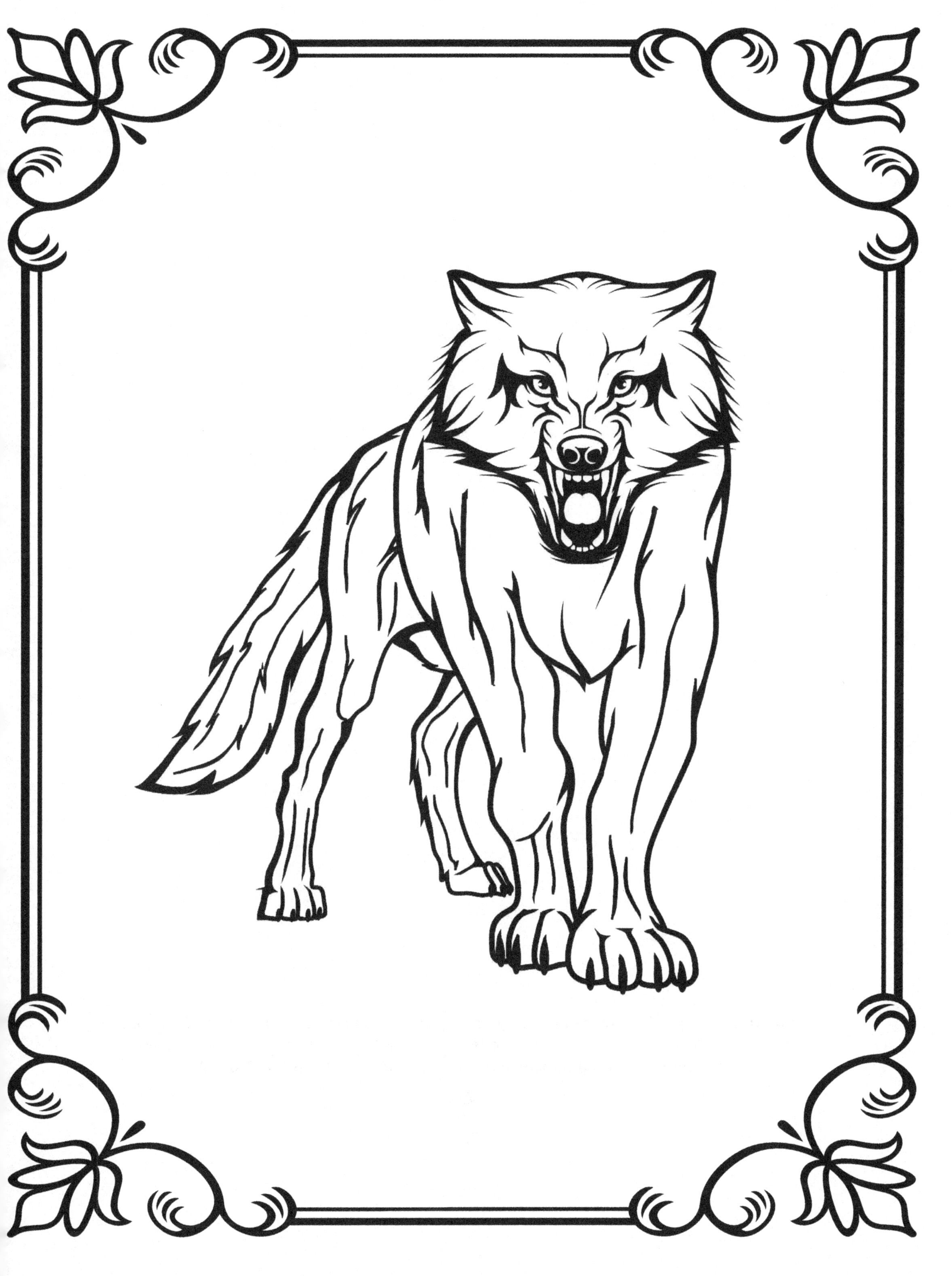

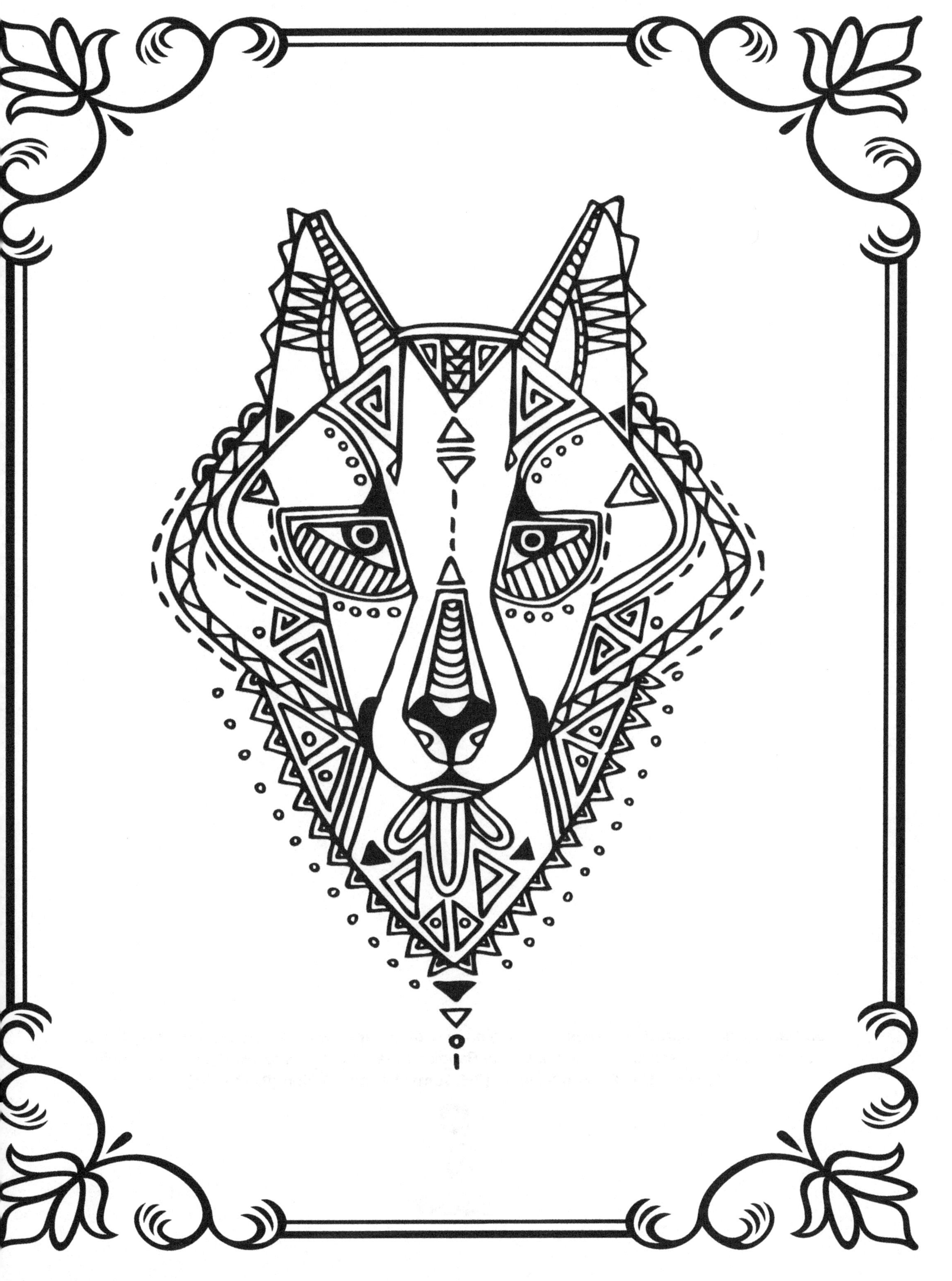

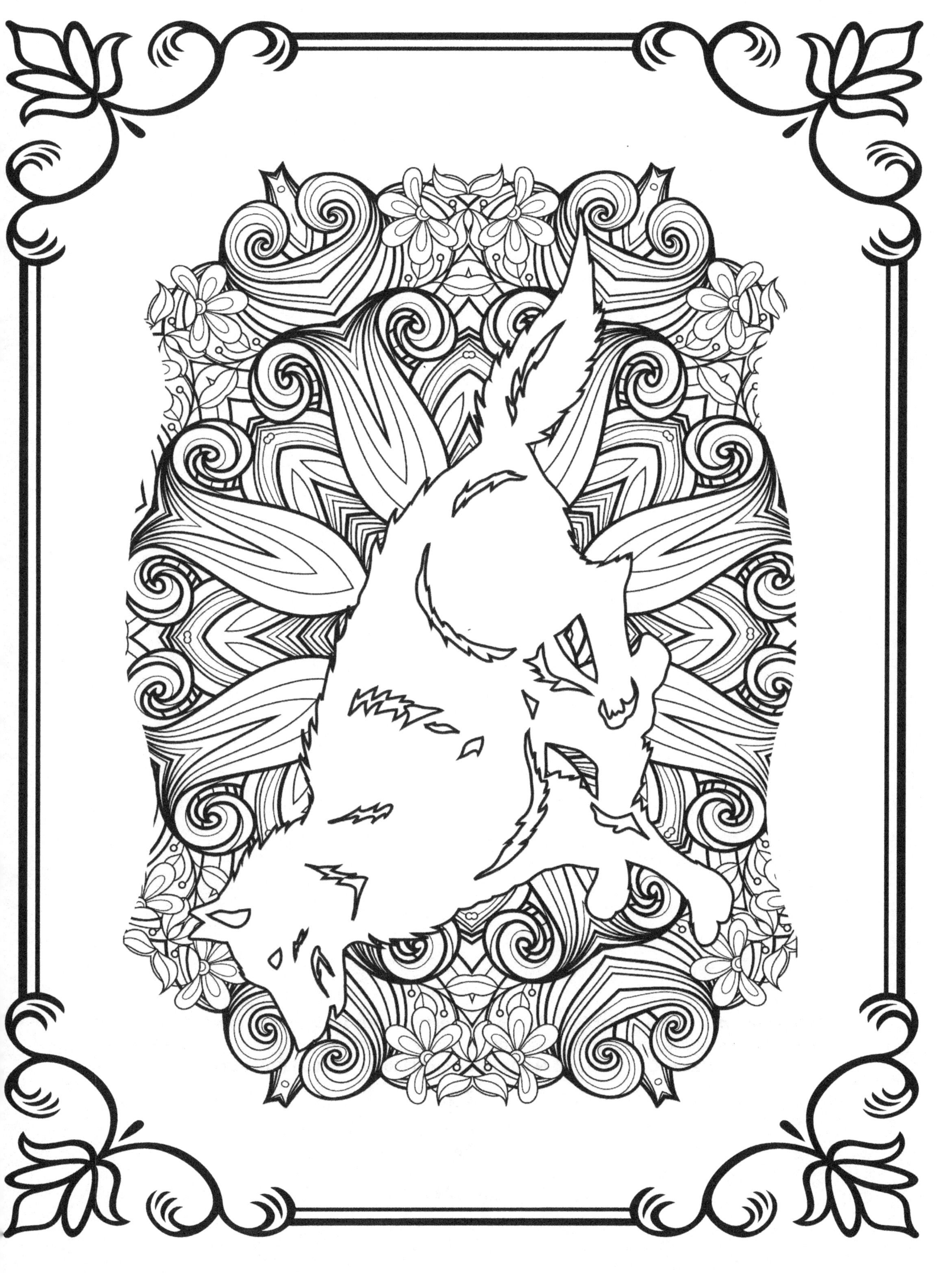

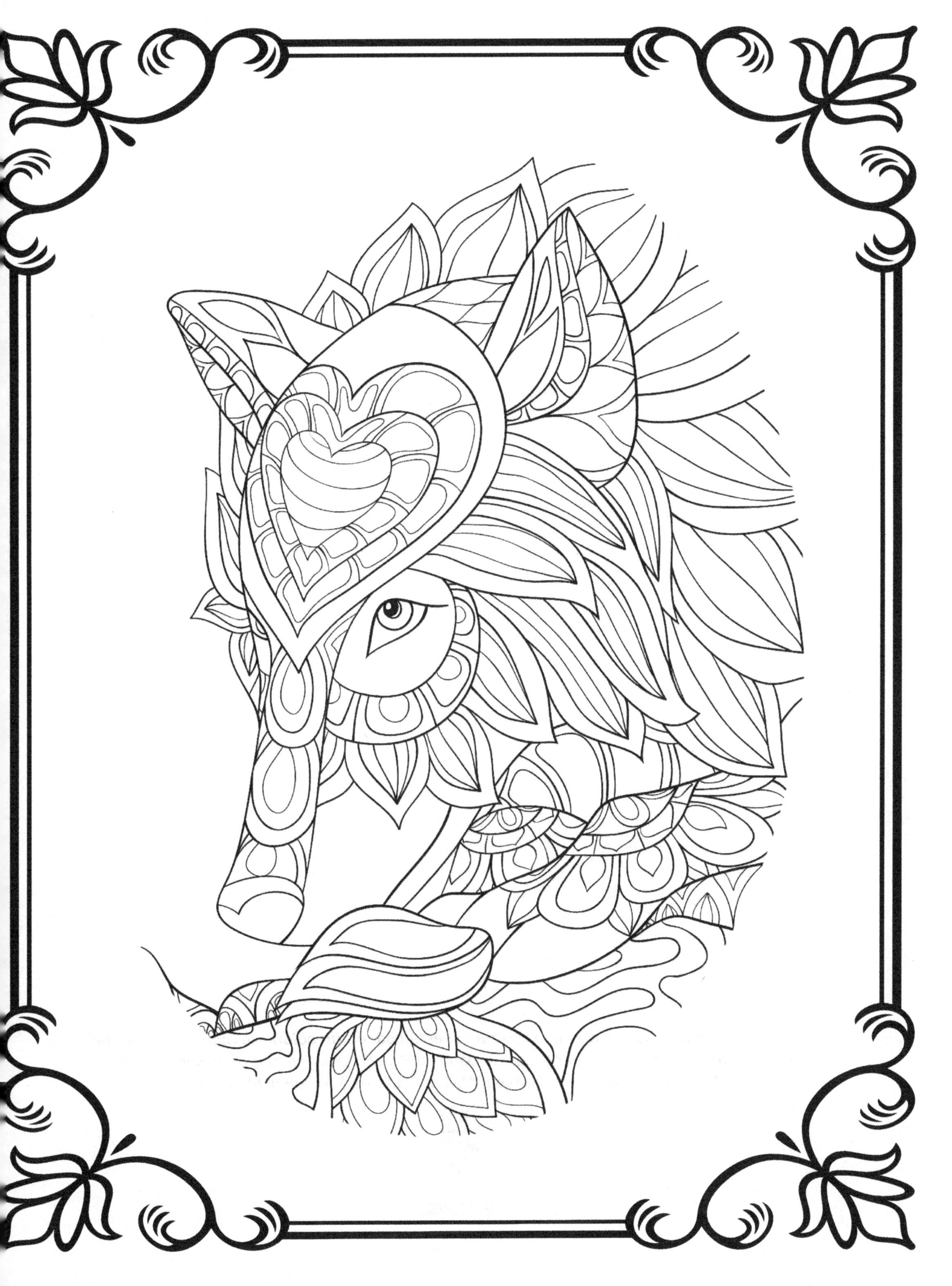

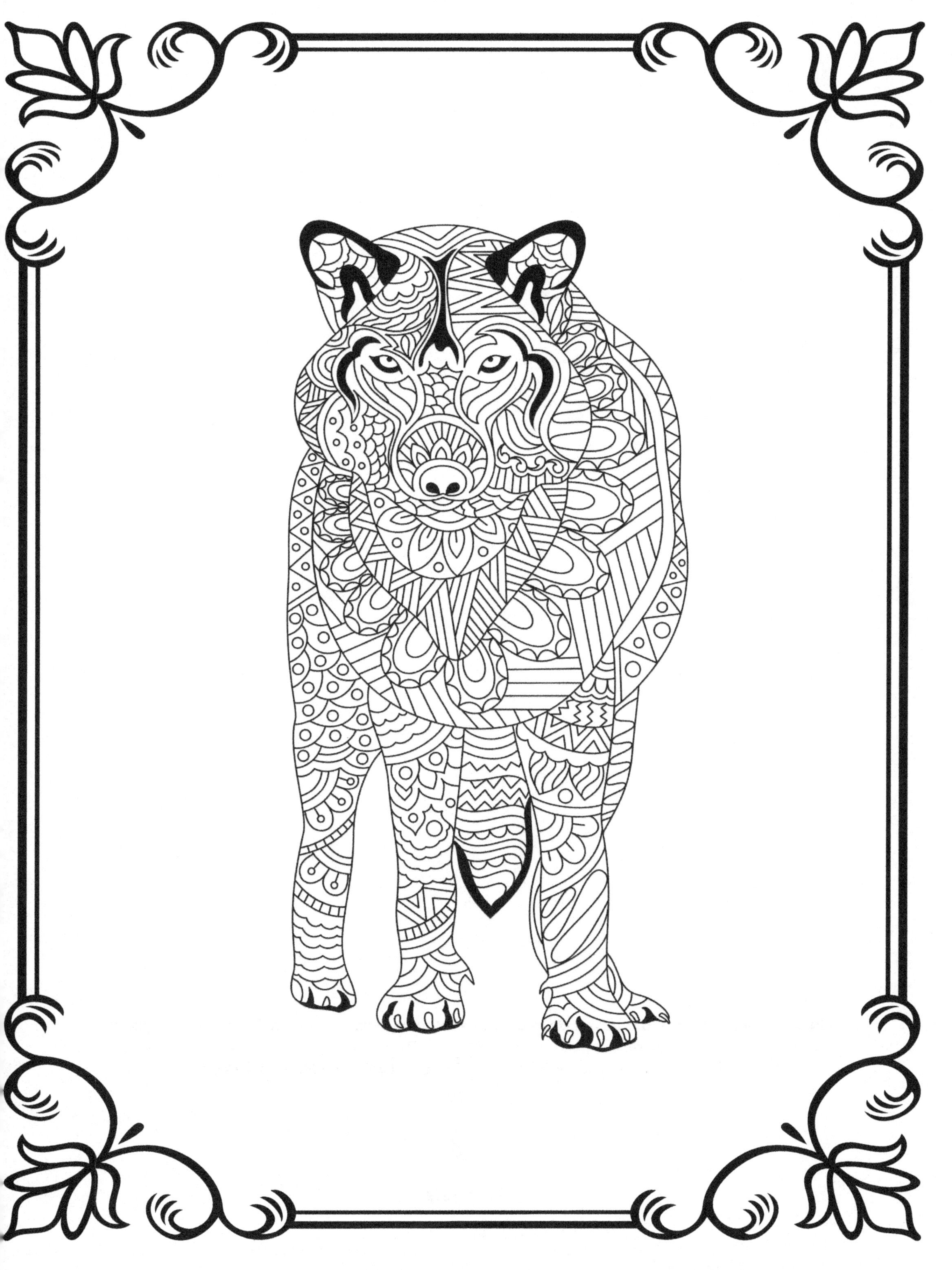

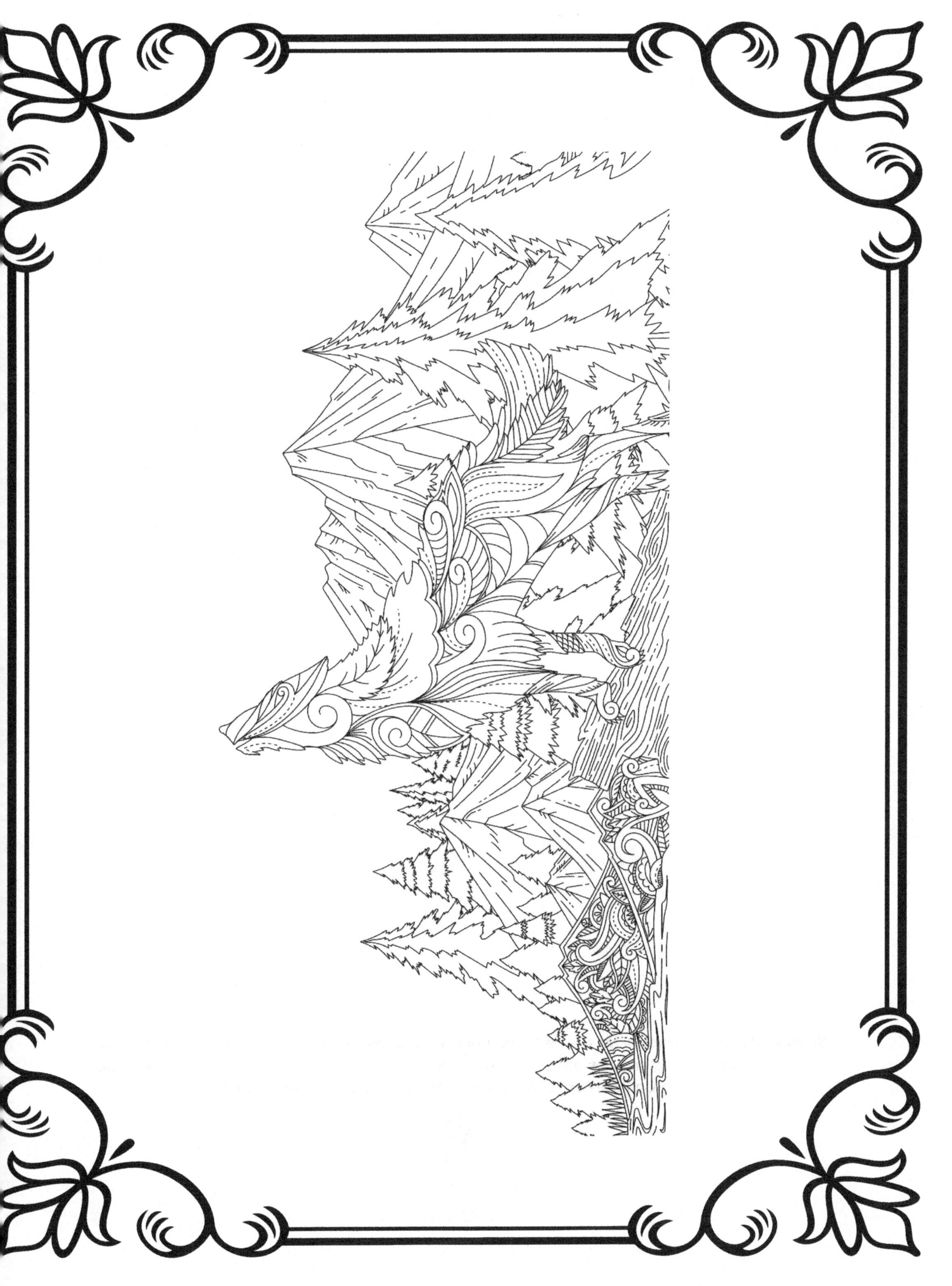

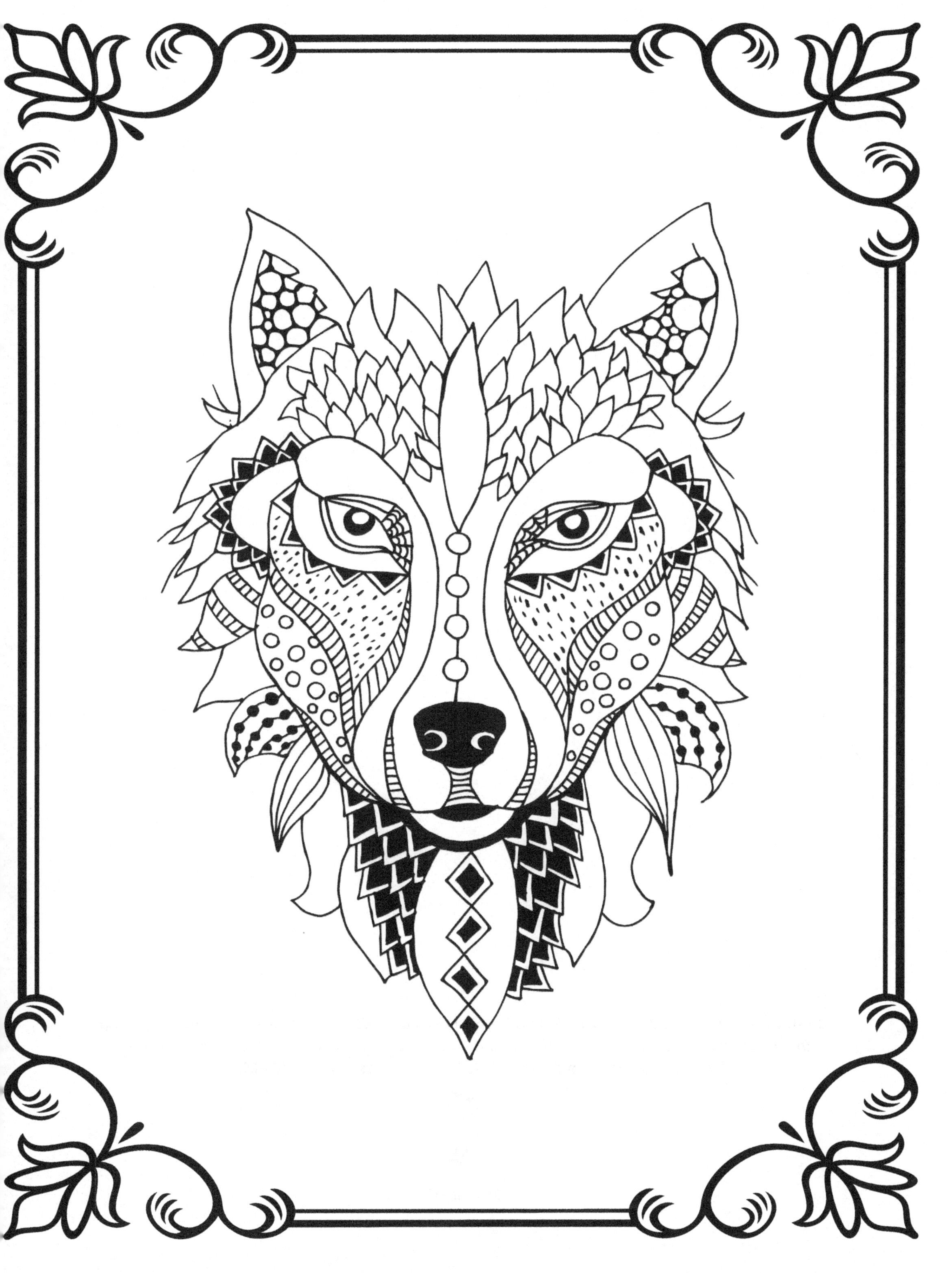

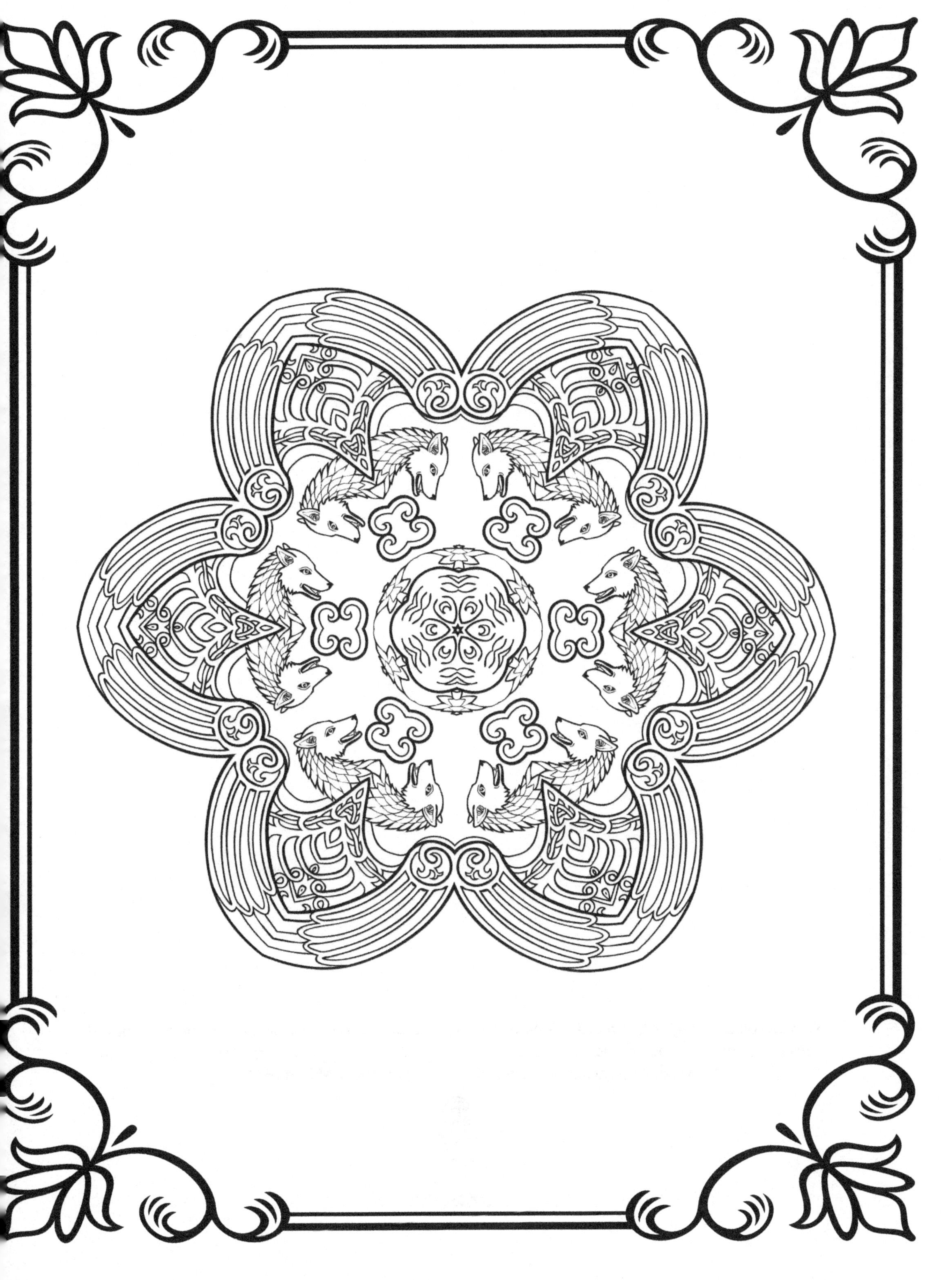

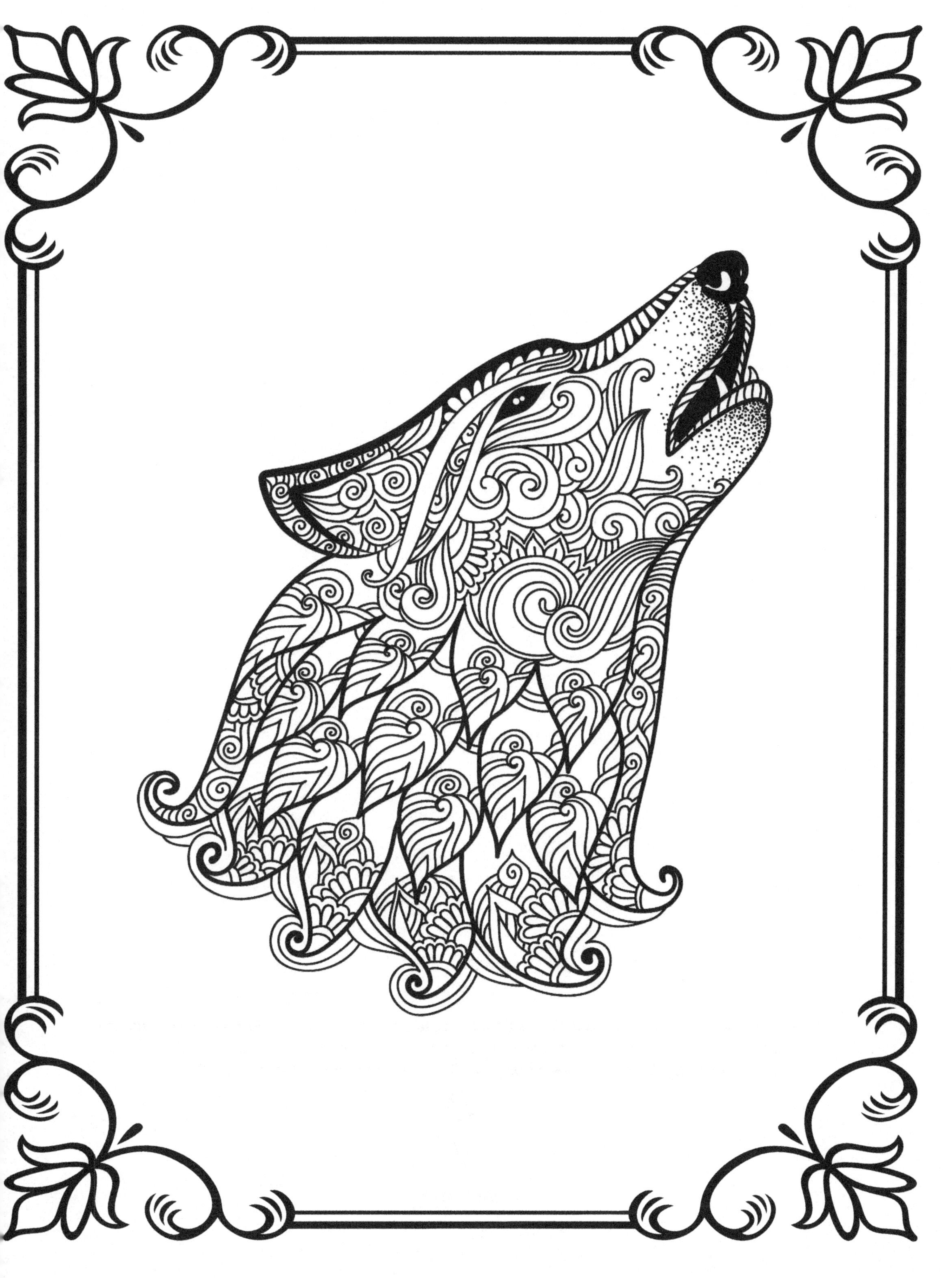

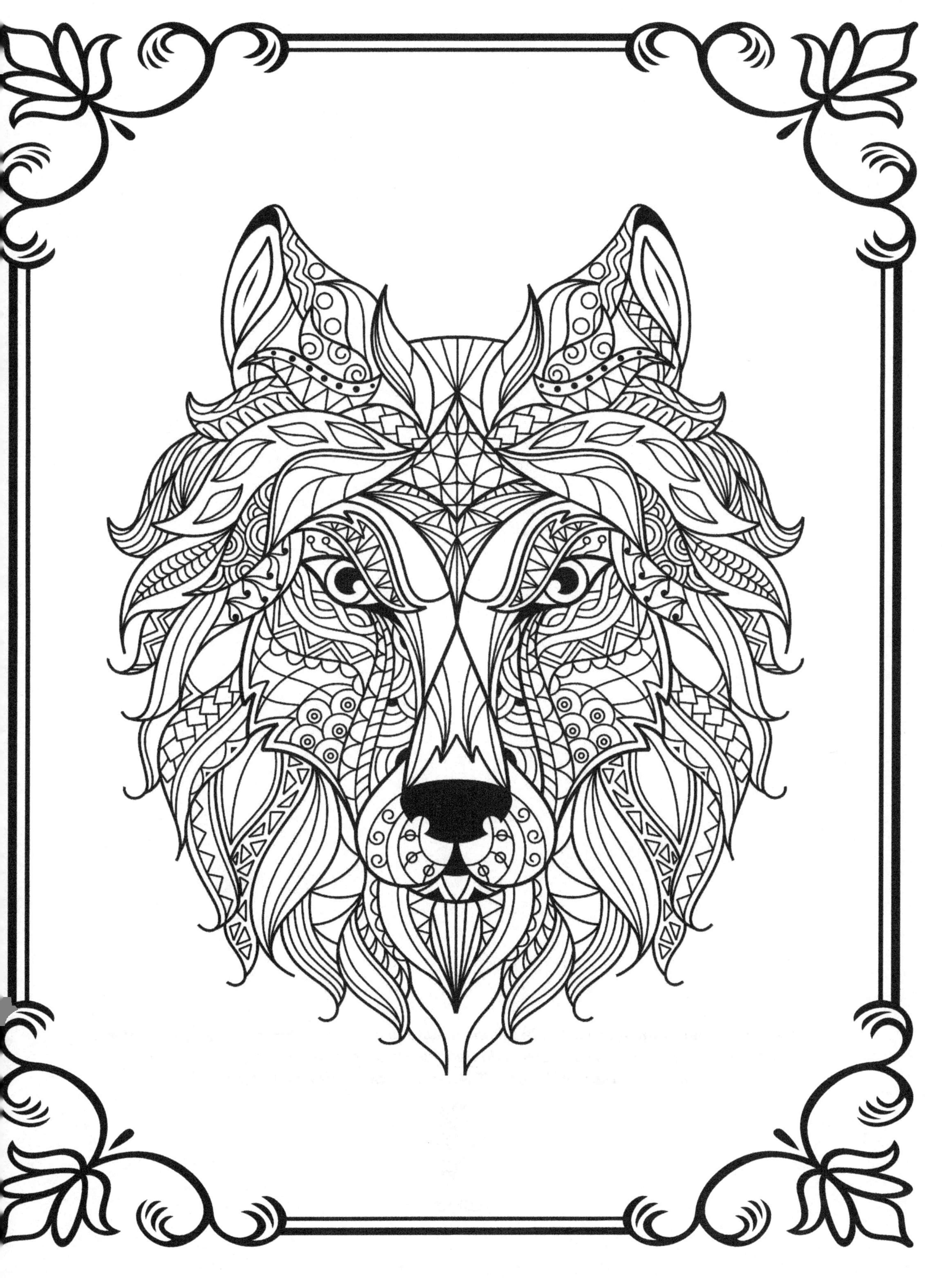

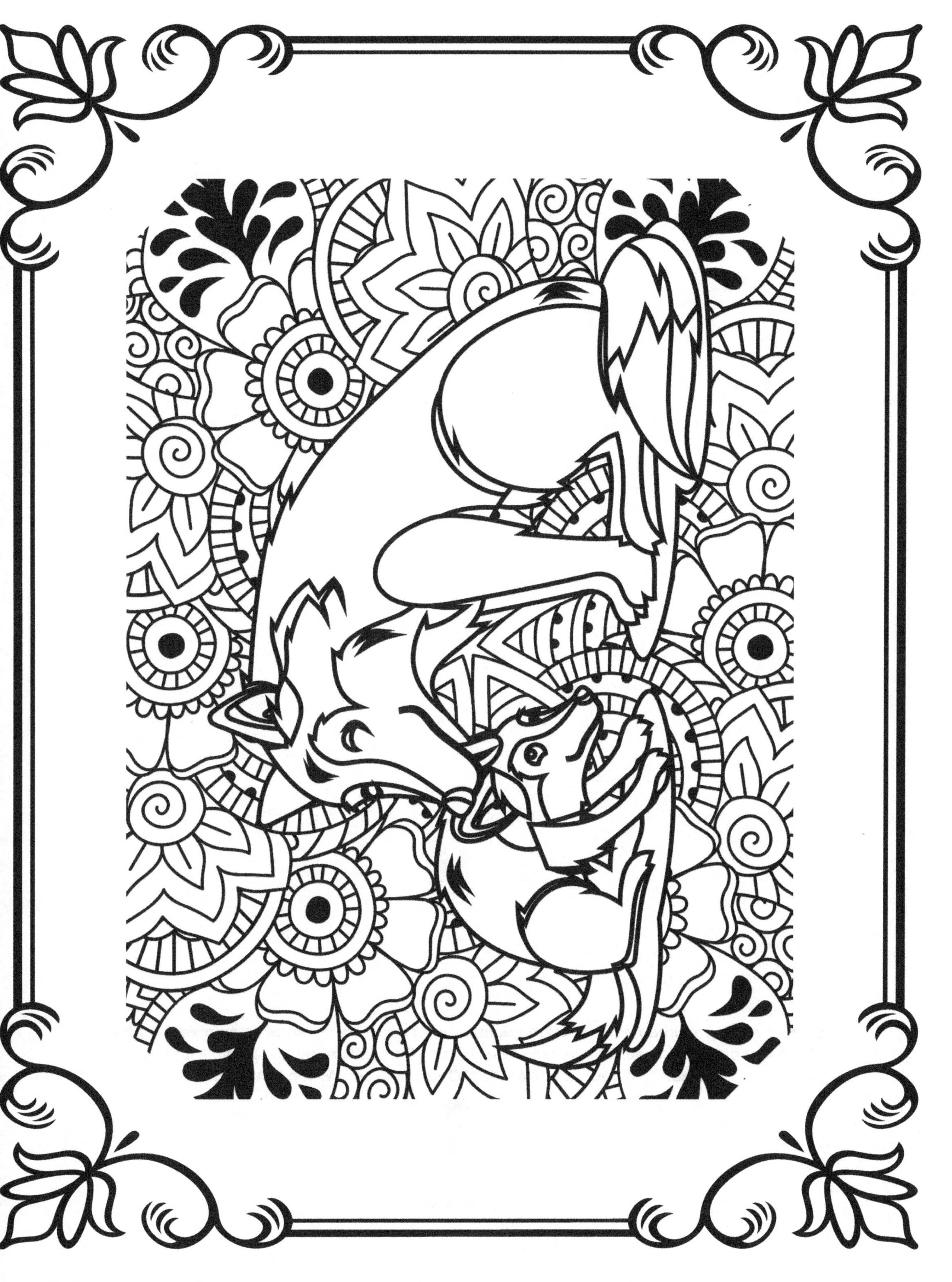

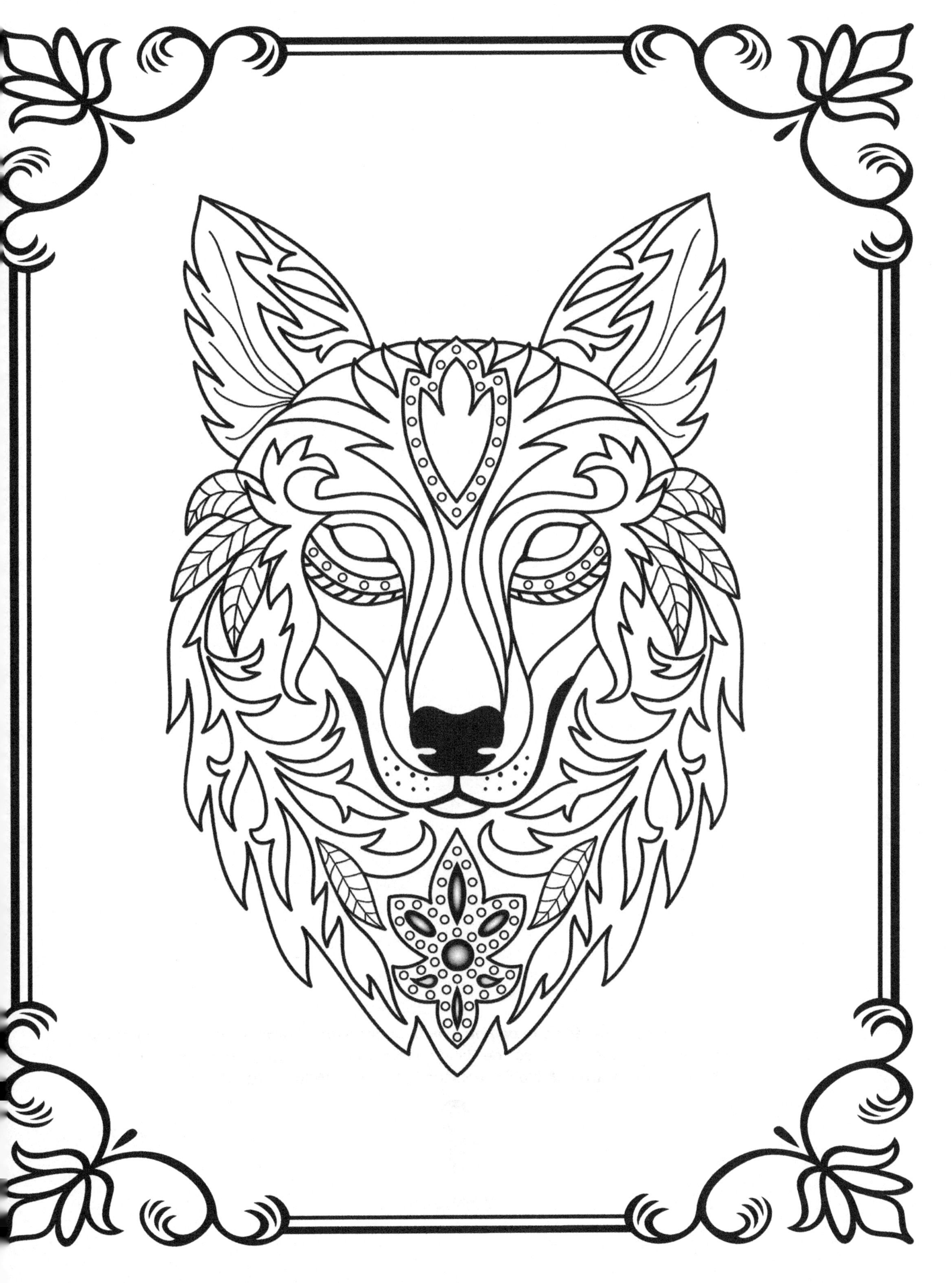

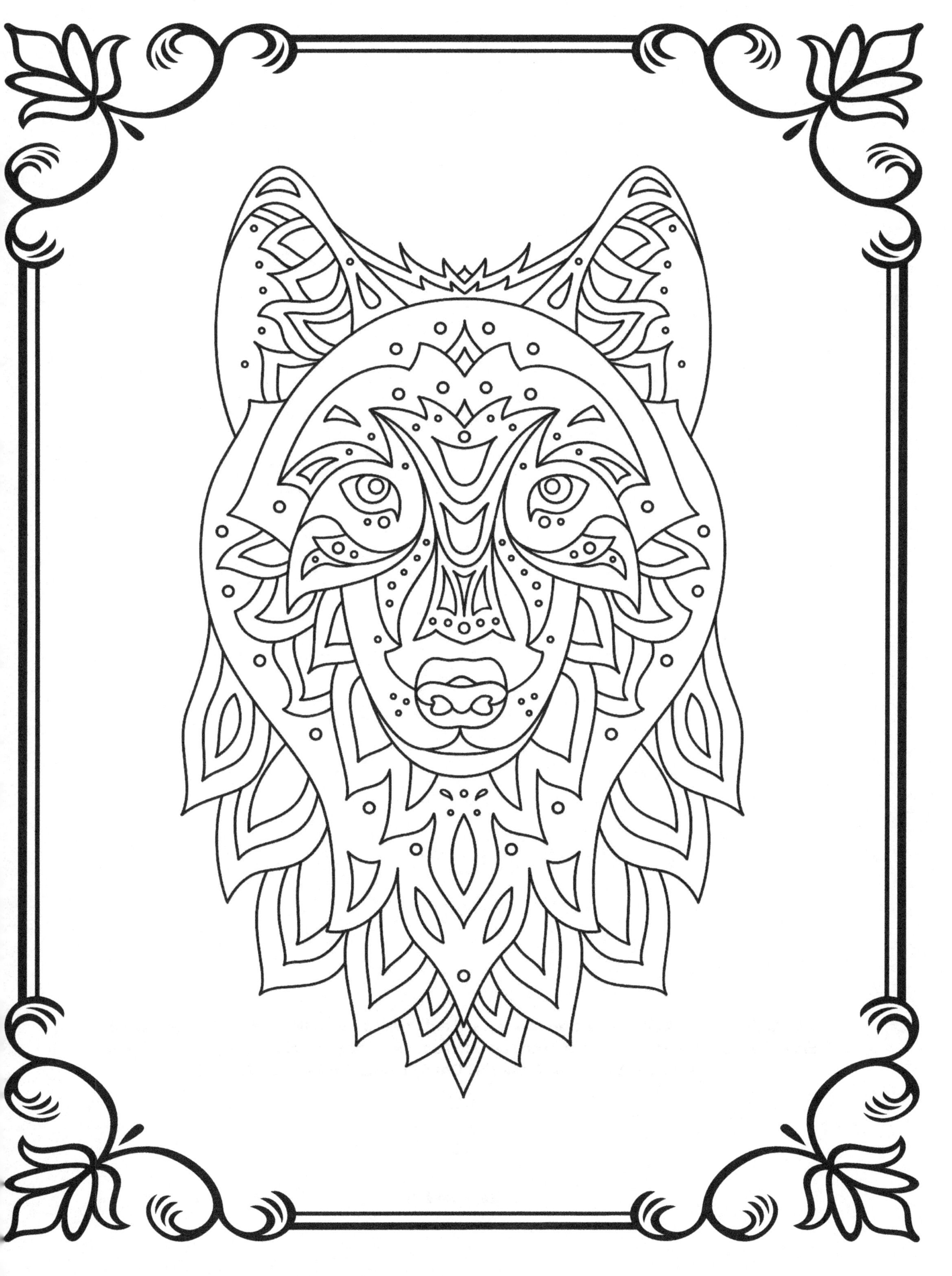

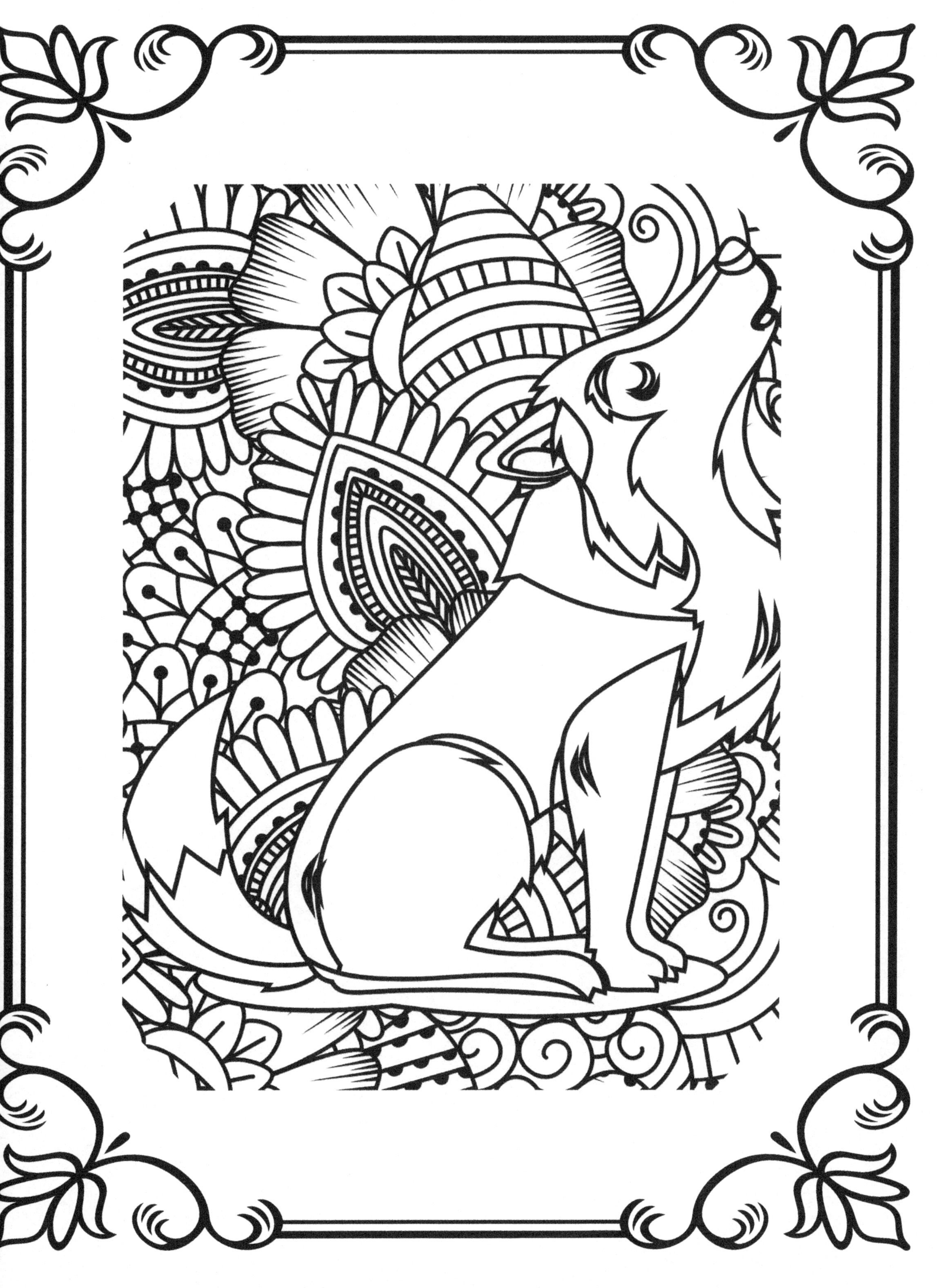

Made in the USA
Monee, IL
07 July 2026

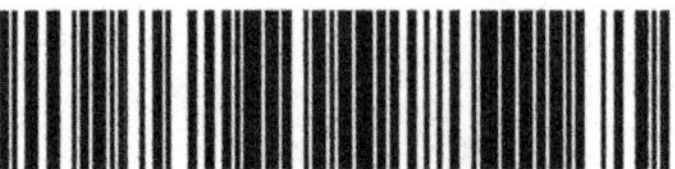

56547102R00037